MÜNSTERSCHWARZACHER KLEINSCHRIFTEN

herausgegeben
von Mönchen der Abtei Münsterschwarzach

Band 29

Anselm Grün OSB/Michael Reepen OSB

Heilendes Kirchenjahr

Das Kirchenjahr als Psychodrama

VIER-TÜRME-VERLAG MÜNSTERSCHWARZACH
1985

Anselm Grün OSB/Michael Reepen OSB

Heilendes Kirchenjahr

Das Kirchenjahr als Psychodrama

VIER-TÜRME-VERLAG MÜNSTERSCHWARZACH
1985

CIP-Kurztitelaufnahme der Deutschen Bibliothek
Grün, Anselm:
Heilendes Kirchenjahr : d. Kirchenjahr als
Psychodrama, / Anselm Grün ; Michael Reepen. -
Münsterschwarzach : Vier-Türme-Verlag, 1985.
  (Münsterschwarzacher Kleinschriften ; Bd. 29)
  ISBN 3-87868-211-5
NE: Reepen, Michael: GT

7. Auflage 1996
Gesamtherstellung: Vier-Türme-GmbH, D-97359 Münsterschwarzach Abtei
© by Vier-Türme-Verlag, Münsterschwarzach Abtei
ISSN 0171-6360
ISBN 3-87868-211-5

Inhalt

Hinführung

Jahr für Jahr halten wir in der Abtei Münsterschwarzach Meditationskurse zu einzelnen Festen des Kirchenjahres. Zur Mitfeier der Kar- und Osterliturgie kommen etwa 200 Jugendliche. Aber auch die Kurse, die auf das Fest Epiphanie, Fronleichnam, Herz-Jesu-Fest oder Pfingsten einstimmen, erfreuen sich großer Beliebtheit. Wir entdeckten bei diesen Kursen immer mehr, wie das jeweilige Festgeheimnis unser eigenes Leben zur Sprache bringt und es neu deutet. Die Feste haben einen archetypischen Charakter. Viele Jugendliche haben an den Kar- und Ostertagen gespürt, daß es da um sie selbst geht. Und sie hatten keine Schwierigkeiten, etwa in einer so traditionellen Form wie dem Kreuzweg ihr eigenes Leben darzustellen und zu spielen. Da gab es keine großen Übersetzungsprobleme. Die Jugendlichen sahen ihre Situation darin ausgedrückt, etwa im dreimaligen Fallen Jesu, im Beraubtwerden seiner Kleider, im Angenageltwerden. Sie haben diese Szenen gespielt und im Spielen gemerkt, daß sie sich selbst spielen, ihr ständiges Fallen, ihr Bloßstellen und Bloßgestelltwerden, ihr Verwunden und Verwundetwerden. Sie haben im Spiel erkannt, was sie Tag für Tag eigentlich auch tun. Sie haben die Gedanken und Gefühle entdeckt, von denen sie sich häufig leiten lassen. Im Spielen sind sie sich selbst begegnet, sie haben sich erkannt, wie sie wirklich sind. Und indem sie sich gespielt haben, hat sich in ihnen etwas bewegt, sie wurden verwandelt. Sie haben ihre eigene Erlösungsbedürftigkeit gespielt und darin zugleich etwas von Erlösung erfahren. Es war für sie befreiend, endlich sich selbst auf den Grund zu kommen, die Ursache ihrer Probleme zu entdecken, sie auszudrücken und zugleich einen Weg zu spielen, der sie Schritt für Schritt heilt, ganz macht, eins werden läßt mit sich selbst.

Wir haben in den Kursen versucht, die archetypischen Inhalte der verschiedenen Feste in einer Gebärde, einer Pantomime oder im Spiel darzustellen. Dabei ging uns auf, wie das ganze Kirchenjahr ein großes Psychodrama ist, ein Drama unserer Psyche, ein Drama, in dem unsere Seele sich selbst darstellt mit allen Höhen und Tiefen. Wenn wir so im Alltag dahinleben und mit tausend Dingen beschäftigt sind, wissen wir ja zumeist gar nicht, was in den Tiefen unserer Seele vor sich geht. Ab und zu tauchen in unsern Träumen Bilder auf, die uns beunruhigen, ab und zu werden wir von Gefühlen überschwemmt, die wir nicht einordnen können. Und ab und zu kommt auch mitten im Tun eine Ahnung hoch, daß wir im Grunde doch etwas ganz anderes wollen und daß wir im Grunde ganz anders sind, als wir uns jetzt geben. Wir werden verunsichert, oft erschrecken wir davor. Wir spüren, daß es andere Bereiche in uns gibt, die beachtet sein wollen. Aber zumeist verdrängen wir die Botschaften dieser tieferen Bereiche in uns wieder und gehen zur Tagesordnung über. Das führt dazu, daß wir in einen inneren Zwiespalt geraten. Wir leben nur im Bewußten und verdrängen das Unbewußte. Wir spalten das Unbewußte von uns ab, damit es uns nicht mehr stört. Aber das Unbewußte läßt sich nicht ungestraft abspalten. Es meldet sich immer wieder zu Wort. Wenn wir mal ganz alleine sind, dann tauchen eben Ahnungen von einem andern Leben auf, Ahnungen, daß das, was wir tun und leben, doch nicht alles sein kann. Die Ahnungen sind oft von Angst begleitet, denn es müßte sich ja etwas ändern in uns. Wir könnten nicht mehr so selbstverständlich nur unserem Gelderwerb nachgehen.

Das Kirchenjahr mit seinen verschiedenen Festen gibt den oft ins Unbewußte abgeschobenen Gedanken und Gefühlen, Bildern und Vorstellungen die Möglichkeit, sich auszudrücken, sich darzustellen. Es führt uns Bilder und Symbole vor Augen, die unsern unbewußten Bildern und den Inhalten unserer Träume entsprechen. In unserer alltäglichen Sprache haben wir keine Worte und Begriffe für das, was sich unterhalb der Oberfläche tut. Und dennoch muß es in die Sprache gehoben werden, damit es sich nicht abspaltet und uns selbst in eine unheilvolle Spaltung führt. Wenn es zur Sprache kommen darf, dann kann es seine heilsame Wirkung auf uns entfalten, dann verleiht es uns neue Kräfte und ein inneres Gleichgewicht.

Die Bilder und Symbole des Kirchenjahres führen uns vor Augen, wer wir wirklich sind. Sie heben unsere unbewußten Gedanken und Gefühle ins Bewußtsein und geben ihnen eine Form, sich auszudrücken. Das tut uns gut. Das befreit uns von der Angst, daß uns da aus dem Unbewußten etwas überschwemmen könnte. Und es gibt uns die Möglichkeit, nun selbst in aller Offenheit mit unserem Unbewußten umzugehen. Das Kirchenjahr hält uns keine psychologischen Vorlesungen über unser Unbewußtes, es analysiert es auch nicht, sondern es stellt es dar, in Bildern und Symbolen, in der Feier der Liturgie, in Riten und Gebärden. Es agiert die unbewußten Inhalte aus, es bringt sie in die Aktion. In unsern Kursen versuchen wir, die liturgischen Symbole und Bilder bewußt zu spielen, in einer Pantomime, in einem Sprechspiel, in einer Erzählrunde oder in einer Szene, die das Bild in die eigene Situation übersetzt. Am Karfreitagabend entsteht so durch die

Darstellung der einzelnen Kreuzwegszenen eine Art Mysterienspiel. Das Spiel zieht jeden in seinen Bann. Es ist nicht ein Spielen, das man als bloßer Zuschauer ansieht und es als gut oder schlecht beurteilen kann, sondern ein Spiel, bei dem man selbst beteiligt ist, nicht bloß innerlich, sondern auch so, daß man aufgefordert wird, eine Gebärde nun selbst zu machen, eine Szene mitzuspielen. In der Liturgie des Kirchenjahres geht es letztlich um das Gleiche. Auch da wird nicht etwas dargestellt, was man als Zuschauer betrachten könnte, auch da machen alle die Gebärden mit, da sprechen und singen alle mit, da schreiten sie bei der Prozession mit, da spielen sie alle das gleiche Spiel, etwa am Palmsonntag, wenn alle mit Palmzweigen in den Händen dem einziehenden Christus zujubeln. Auch die Liturgie ist letztlich ein Spiel, ein heiliges Spiel, das jeden mit einbezieht und das ihm Anteil gibt am Dargestellten, am Geheimnis des Festes, am Mysterium unserer Erlösung.

Was den Jugendlichen etwa bei der Darstellüng des Kreuzweges oder einzelner Szenen der Passionsgeschichte oder was auch erwachsenen Kursteilnehmern beim Ausagieren eines Festsymbols oder eines Festevangeliums unmittelbar einsichtig ist, daß es da um sie selbst geht, das können viele bei der offiziellen Liturgie leider nicht empfinden. Da haben viele den Eindruck, daß sich da etwas abspielt, das mit ihnen selbst nichts zu tun hat. Ja sie fühlen sich oft unbeteiligt, nicht angesprochen, es geht an ihnen vorbei. Und daß sich da ein Psychodrama abspielt, davon merken die meisten wohl nichts. Zumindest fühlen sie sich nicht als Mitspieler. Ja sie empfinden das Ganze nicht als Spiel. Und doch ist Liturgie ein heiliges Spiel.

Romano Guardini hat in seinem berühmten Buch „Vom Geist der Liturgie" schon 1918 ein Kapitel „Liturgie als Spiel" geschrieben, das damals weite Kreise der Jugendbewegung begeistert hat. Guardini nennt die Liturgie ein Spiel, weil sie wie das Spiel zweckfreies Tun ist,

zweckfrei sich ausströmendes, von der eigenen Fülle Besitz ergreifendes Leben, sinnvoll eben in seinem reinen Dasein.[1]

Und Guardini vergleicht die Liturgie mit den genau auf Wirkung abgestellten Exercitien des hl. Ignatius. Die Exercitien des Ignatius sind für ihn eine strenge Schule, in der alles seine Ordnung hat, die Liturgie dagegen ein offenes Feld:

Dort bewußte Ausbildung, hier Leben in der Natur, inneres Wachsen mit ihr und in ihr. Die Liturgie schafft eine weite Welt voll reichen geistlichen Lebens und läßt die Seele sich darin bewegen und entfalten. (62) Und als Ziel der Liturgie nennt er: vor Gott ein Spiel zu treiben, ein Werk der Kunst, — nicht zu schaffen, sondern zu sein, das ist das innerste Wesen der Liturgie. (67)

Leider ist der Zweckgedanke in letzter Zeit sehr stark in den Bereich der Liturgie eingedrungen. Da werden Sonntage verzweckt zum Mediensonntag, zum Caritassonntag usw. Offensichtlich hat man es verlernt, sich auf das Spiel der Liturgie einzulassen und davon Ermutigung und Lebenshilfe zu erfahren.

Und doch ist das Entscheidende an der Liturgie, daß sie uns verwandelt, daß das Erlösungsgeschehen von damals heute Gegenwart wird und daß die Erlösung heute an uns geschieht. Diesen Aspekt der Liturgie hat Odo Casel in seiner Mysterienlehre entfaltet. Das Mysterium definiert Casel so:

Das Mysterium ist eine kultische Handlung, in der eine Heilstatsache unter dem Ritus Gegenwart wird; indem die Kultgemeinde diesen Ritus vollzieht, nimmt sie an der Heilstat teil und erwirbt sich dadurch das Heil.[2]

Es geht in der Liturgie also genau wie im Spiel um eine Darstellung, bei der es keine Zuschauer gibt, sondern in der alle einbezogen werden, bei der alle mitspielen. Und indem sie mitspielen, geschieht etwas an ihnen. Sie erleben sich selbst neu, sie erfahren, wer sie sind. Und sie nehmen teil an einem Geheimnis, das sie übersteigt. Sie nehmen teil an dem, was Christus damals für die Menschen getan hat und was er heute an denen tut, die sich auf die Feier seines Mysteriums einlassen. Im Spiel der Liturgie spielen wir uns in die eigentliche Wirklichkeit unseres Lebens hinein, in das Geheimnis der Erlösung und Befreiung durch Jesus Christus.

Die offizielle Liturgie ist natürlich etwas anderes als ein Stegreifspiel, in dem sich die Jugendlichen spontan ausagieren können. In der Liturgie ist das Spiel vorgegeben. Es ist ritualisiert worden. Zumeist verdichtet sich das Spiel in der Feier des Todes und der Auferstehung Jesu in der Eucharistie. Nur an einigen Festen haben sich noch eigene rituelle Spiele erhalten: die Prozession mit Palmzweigen am Palmsonntag, die Fußwaschung am Gründonnerstag, die Kreuzenthüllung und Kreuzverehrung am Karfreitag, das Entzünden und Weiterreichen der Osterkerze in der Osternacht u.a. Jede Liturgie aber kennt Gebärden. Aus Gebärden entstand der Ritus. Er ist eine Abfolge von Gebärden. Wenn ich eine Gebärde bewußt mache, erkenne ich mich anders. Im Knien nehme ich mich anders wahr als im Stehen, mit ausgebreiteten Armen anders als mit verschränkten Armen. An manche Erfahrungen kommt man nur heran, wenn man bestimmte Gebärden macht. Eine Gebärde des Leibes ruft auch in meiner Seele etwas hervor. Das äußere

Tun verändert auch die Seele. Die Gebärden der Liturgie können unsere Seele heilen, uns innerlich in die richtige Verfassung vor Gott bringen. Es ist uns ein Anliegen, den jungen Menschen wieder einen Zugang zur offiziellen Liturgie zu vermitteln. Der Weg über das Einüben von Gebärden und über das Durchspielen von Festsymbolen ist dazu sicher geeignet, aber das kann man eben nur an einem Kurs. Es geht uns aber darum, möglichst viele zu einem neuen Verständnis der Feste des Kirchenjahres zu führen. Sie sollten spüren, da geht es um mich, es tut mir gut, mich darauf einzulassen. Ich werde davon gesund. Da kommt Stück für Stück meiner Seele zum Vorschein, da kommen alle Aspekte meines Herzens zur Sprache, alle Sehnsüchte und Wünsche, alle Gedanken und Gefühle, alle Ängste und Bedrohungen. Da brauche ich nichts zu verdrängen. Da darf ich mich selbst mitbringen. Aber da kommt auch Klarheit in mich hinein. Ich lerne, mit meinen Sehnsüchten und Ängsten umzugehen. Ich lerne, einzuordnen, was da in meinem Herzen auftaucht. Und ich werde lebendiger, wenn ich mich auf das Kirchenjahr einlasse. Bei jedem Fest wird ein anderer Teil meiner Seele angesprochen und aufgeweckt, zum Leben gebracht. Das Kirchenjahr hilft mir, mich selbst immer besser kennenzulernen in meinen Höhen und Tiefen. Ich stoße auf das, was mich behindert und was mein Leben beeinträchtigt. Aber ich entdecke auch meine eigenen Möglichkeiten. Ich spiele mich in neue Möglichkeiten hinein. Indem ich einmal von mir selbst wegsehe und mich auf das vorgegebene Spiel einlasse, gebe ich einem Größerem Raum, kann etwas Neues in mir entstehen und wachsen. Und gerade die Wiederholung des immer gleichen Spieles in der Liturgie, des Todes und der Auferstehung Jesu, kann eine Chance sein, mich immer tiefer in das eigentliche Geheimnis hineinzuspielen.

Was wir hier mit dem Begriff des Spieles zu veranschaulichen suchten, könnte man von der Jungschen Psychologie auch mit dem Begriff des Archetyps erklären. Archetypen sind Urbilder der menschlichen Seele. Sie finden in bestimmten Menschen eine besondere Darstellung. Jung sieht in Jesus den *Archetyp* des Selbst verwirklicht, des eigentlichen Wesenskernes im Menschen. Und Jung meint, das Bild des Selbst, das wir in Jesus am reinsten dargestellt finden, kann nun auch in uns den Prozeß der Selbstwerdung auslösen und in uns etwas in Bewegung bringen. Es offenbart „das geheime unbewußte Grundleben jedes Einzelnen."[3] Und das Drama des archetypischen Christuslebens stellt das Drama unserer eigenen Selbstwerdung dar. Die einzelnen Szenen im Leben Jesu beschreiben exakt Stationen unserer eigenen Menschwerdung. Jung meint, wer den Weg der Selbstwerdung geht, der erlebt die gleichen Stationen, die ihm die Liturgie des Kirchenjahres immer wieder vor Augen führt. Und insofern ist das ganze Kirchenjahr für Jung ein Heilssystem, ein System von Riten, die den Menschen heilen, eine Schule für die Erlernung der Kunst des Lebens, eine Initiation in die Menschwerdung. Jung nennt die Riten des Kirchenjahres „Methoden geistiger Hygiene" und spricht ihnen auch heute noch „psychotherapeutische Bedeutung" zu. Sie verbinden im Menschen das Bewußte und Unbewußte. Sie leiten unbewußte Inhalte ins Bewußtsein und integrieren sie. Das bewahrt den Menschen vor einer Spaltung der Person, der Grundlage aller Neurosen.[4] Ohne die Bewußtmachung der unbewußten Inhalte der menschlichen Seele durch die Symbole der Liturgie würde die Energie dieser Inhalte auf andere

Ideen abfließen und so zu grundlosen Phobien, überspannten Ideen und hypochondrischen Vorstellungen führen. Das Psychodrama des Kirchenjahres leitet die Energien des Unbewußten in die richtigen Bahnen. Es aktiviert diese Energien und erschließt uns so eine Kraftquelle der Lebenssteigerung.

Das Spiel der Liturgie ist jedoch mehr als Selbstdarstellung unserer eigenen Psyche. Es hat noch eine andere Dimension. Gott handelt an uns. Im Spiel lassen wir Gott Raum, daß er uns etwas Neues aufzeigt und uns neu macht. So sehen es die Kirchenväter, deren Gedanken über das Spiel Hugo Rahner gesammelt hat.

Das Spiel ist in seiner Wurzel und in seiner Blüte ein sakrales Geheimnis — die zur Geste gewordene Hoffnung auf ein anderes Leben. Spiel ist Verzauberung, Darstellung des ganz Anderen, Vorwegnahme des Kommenden, Leugnung des lastend Tatsächlichen. Das Irdische wird im Spiel auf einmal zum Vorläufigen, bald Überwundenen, demnächst endgültig Erledigten: und der Geist wird bereitet, das Unerhörte aufzunehmen, in die Welt ganz anderer Gesetze einzugehen, entschwert und frei und königlich ungebunden, göttlich.[5]

Und Rahner zitiert Hippolyt von Rom, der Christus einen Vortänzer im himmlischen Reigen nennt, der uns die neue Freiheit im liturgischen Spiel auch leibhaft spüren läßt (76). Und er führt den hl. Hieronymus an:

In der Kirche schafft sich die Freude des Geistes einen Ausdruck in der Geste des Körpers. (48)

In unserer heutigen Liturgie ist leider nur noch wenig von dieser Freude des Geistes zu spüren, die sich in den Gebärden ausdrückt, im feierlichen Schreiten, im Erheben der Hände, im Sichumarmen beim Friedensgruß. Und dennoch für den, der ein Gespür hat, bietet die Liturgie auch heute noch genügend Riten und Gebärden an, in denen wir uns dem himmlischen Spiel überlassen können, um darin etwas von der Freiheit und Gelöstheit zu erahnen, die uns im Himmel erwartet, den sich Gregor von Nyssa so vorstellt: „eingereiht wirst du wiederum in den tanzenden Reigen der Engelsgeister" (78f).

Die Kirche spricht auch heute noch davon, daß wir die Liturgie feiern, daß wir die Feste des Kirchenjahres *feiern*. Das Feiern hebt sich vom Alltag ab. Es will den Menschen erheben, über sich hinausführen. Von jeher hat der Mensch gefeiert. Er hat darin seine Freude oder seine Betroffenheit über ein Ereignis seines persönlichen Lebens oder des Lebens der Gemeinschaft ausgedrückt, um dadurch neue Lebenskraft zu gewinnen, ja um in solchem Feiern, und in der Entfaltung der Feier zum festlichen Tag, eigentlich erst zu sich selbst zu kommen, das wahre Menschsein zu verwirklichen, um dann mit neuer Kraft weiterleben und auch arbeiten zu können.[6]

Der Mensch durchbricht in der Feier bewußt seinen Alltag, um ihn dann wieder neu bewältigen zu können. In der Feier trinkt er von der Quelle des Lebens. Da taucht er ein in das eigentliche Geheimnis seines Lebens, das sich im Anlaß des Festes darstellt: etwa in der Geburt eines Menschen, in seiner Hochzeit, oder in wichtigen Ereignissen aus der Geschichte seines Volkes, etwa der Befreiung aus Unterdrückung und Fremdherrschaft. Ein *Fest* verbindet den Menschen mit seinen Wurzeln, aus denen er lebt. Jung meint, die Verbindung der „Gegenwart mit der historischen und mythischen Vergangenheit"[7], wie sie die Feste des Kirchenjahres vollziehen, sei für den Menschen gesund. Es mache ihn eins mit sich selbst, lasse ihn teilnehmen am Strom des Lebens. Wenn sich ein Mensch von seiner eigenen Vergangenheit abschneidet, wenn er seine Erinnerungen verdrängt und geschichtslos lebt, so wird er krank, oft genug depressiv[8]. Die Erinnerung blickt zwar in die Vergangenheit, eröffnet uns aber zugleich neue Horizonte für die Zukunft. Sie zeigt uns, wozu auch wir fähig sind.

So ist das Festefeiern lebensnotwendig, es schenkt uns die Kraft, die wir brauchen, um unser Leben zu meistern. Aber wir können nicht beliebig Feste feiern. Ein eigentliches Fest ist nur, wenn wir davon leben können, wenn etwas zur Sprache kommt, das uns eine neue Sicht unserer selbst und unseres Lebens, ein neues Daseinsgefühl schenkt. Für die Alten gab es ein echtes Fest nur, wenn Gott und seine Taten gefeiert wurden. Ein rein profanes Fest war für sie unvorstellbar. Ein Fest, das ich feiere, weil ich gerade Lust dazu habe, etwa eine Party, zu der ich einlade, weil mir danach ist, entspricht nicht dem, was die Alten unter Fest verstanden. Die Alten bezogen sich im Fest auf etwas, das außerhalb von ihnen lag, auf eine Tat Gottes, auf ein Heilsgeschehen. Und sie wollten im Fest teilhaben an dieser Heilstat. Sie wollten neu werden durch die Feier. Sie wollten im Feiern einer Gottestat wieder zu echten Menschen werden, zu Menschen, die um ihre Würde wissen, um ihre Wurzeln, um ihre Möglichkeiten, zu Menschen, die nicht in der Vergessenheit leben und in der Aktivität des Alltags innerlich vertrocknen.

Die meisten Feste des Kirchenjahres feiern geschichtliche Ereignisse, Taten Gottes durch seinen Sohn Jesus Christus in der Geschichte. Und indem wir die Gottestat feiern, geschieht sie an uns und wir werden heil. Es gab aber in der Antike neben geschichtlichen Ereignissen auch Ereignisse in der Natur, die man im Fest feierte. So feierte man den Beginn des Frühlings, die Wintersonnenwende, Feste der Aussaat und der Ernte.

Im Leben der Natur hat der Mensch seit jeher sein eigenes Lebensgesetz erkannt. Wie die Natur aufblüht und wieder stirbt, so auch der Mensch. Indem er das Stirb und Werde der Natur feiert, bejaht er sein eigenes Schicksal und söhnt sich damit aus. An der Wurzel mancher christlichen Feste steht noch ein heidnisches Naturfest. Das mag einem als heidnisches Relikt vorkommen, das man überwinden müsse. Aber die Verbundenheit des Kirchenjahres mit dem Rhythmus der Natur ist für uns heilsam. Wir sehen in dem Geschehen um uns herum ein Symbol für das, was in uns abläuft. Wenn wir Ostern feiern, so bekräftigt das Aufblühen der Natur das in der Auferstehung Christi aufgebrochene Leben. Wir sollen uns nicht als Geistwesen über alles Natürliche erheben. Wir sind eingebettet in die Natur. Wenn wir dazu ja sagen und mit ihr leben, dann tut uns das gut. Gerade heute, da die Natur immer mehr zerstört und ausgebeutet wird, würde uns das Mitleben mit dem Rhythmus der Natur, zu dem uns das Kirchenjahr einlädt, auch zu einer neuen Verantwortung für sie führen. Und es tut unserer Psyche gut, wenn wir in den Rhythmus der Natur einschwingen, anstatt uns einen künstlichen Rhythmus aufzusetzen, der unserer Natur widerspricht. Naturgemäß leben heißt auch, dem Wesen unserer Seele gemäß leben. Wir sind einfach abhängig vom Geschehen um uns herum, von der Jahreszeit, vom Zustand der Natur um uns herum. In unsern Träumen zeigen uns Naturbilder oft an, wie es um uns steht. In der Liturgie des Kirchenjahres werden die Bilder der Natur aufgenommen, damit sie ihre heilende Wirkung in uns entfalten können. Das Leben in der Natur soll uns die eigene Lebendigkeit entdecken helfen. Wer sich so durch die Feste des Kirchenjahres mit dem Rhythmus der Natur verbinden läßt, der bekommt ein neues Verhältnis zur Natur und er wird dann auch anders mit ihr umgehen. Er fühlt sich eins mit ihr, er hat teil an ihrem Lebensstrom und bekommt so ein neues, gesundes Daseinsgefühl.

Das *Kirchenjahr* wiederholt sich Jahr für Jahr. Es ist keine aufsteigende Linie, sondern ein Kreis, in sich geschlossen. Der Kreis ist für die Alten Symbol der Ewigkeit, Symbol des Göttlichen, des Vollkommenen.[9] Das Kirchenjahr ist nicht die jährliche Wiederholung des Lebens Jesu von seiner Geburt bis zum Tode, sondern ein Kreislauf des Lebens, des göttlichen Lebens. Jeder Teil des Kreises hat immer alles in sich. Das Mysterium ist immer ganz. Im Kreis ist Anfang und Ende miteinander verbunden. Der Kreis ist ein Bild für die Sehnsucht des Menschen nach Rückkehr zum verlorenen Ursprung, zur Geborgenheit des Mutterschoßes und zugleich für die Sehnsucht nach Vollendung.[10] In der zyklischen Struktur des Kirchenjahres findet die Sehnsucht nach dem verlorenen Paradies Ausdruck. Der Zyklus des immer Gleichen gibt dem Menschen in dieser Welt der Veränderung ein Stück Heimat, eine Ahnung, daß er schon hier teilhat an einem Unveränderlichen, am göttlichen Leben.

Jahr für Jahr feiern wir die gleichen Feste, werden die Feste und die Festzeiten zu Orientierungspunkten, nach denen wir uns richten. Und zugleich gliedern die Feste unsere Zeit. Die Zeit wird nicht ein ödes Einerlei, sondern sie bekommt Struktur. Das gibt auch unserm Leben Fülle. Für wen Ostern wie Karfreitag, Advent wie Fastenzeit, Weihnachten wie Pfingsten ist, für den ist das Leben arm geworden. Es hat keine Spannung mehr, keine Höhepunkte, auf die es sich ausstreckt.

Wenn alle Zeiten gleich sind, dann werden sie sinnlos. Wenn der Sonntag zum Alltag wird, dann verdirbt das auch den Alltag, dann wird auch der Alltag leer und öde und verliert seinen Sinn. Das heute weit verbreitete Gefühl der Sinnlosigkeit rührt sicher auch ein Stück davon her, daß man keine Feste mehr feiern kann, die aus der Zeit herausgehoben sind, Feste, an denen etwas Größeres durchbricht, an denen der Sinn des Ganzen durchscheint, weil man sich von Gott berührt weiß. Vom Fest fällt Licht auch auf die übrige Zeit. Sie bekommt eine andere Qualität.

Oft hört man das Argument, ich kann meine Gefühle nicht timen, ich kann mich einfach nicht auf Kommando freuen, nicht einfach deswegen, weil gerade Weihnachten oder Ostern ist. Aber es ist auch nicht nötig, daß wir uns an Weihnachten in ein Gefühl der Freude hineinsteigern. Es geht vielmehr darum, daß wir uns auf ein von uns unabhängiges Geheimnis einlassen, daß wir uns so, wie wir uns gerade fühlen, mit dem Fest konfrontieren. Was dabei herauskommt, haben wir nicht in der Hand. Aber es tut uns auf jeden Fall gut, uns dem Fest zu stellen. Denn sonst leben wir so dahin und kultivieren unsere Lustlosigkeit und Sinnlosigkeit, ohne diesem Gefühl überhaupt auf den Grund zu gehen. Das Fest wäre ein Spiegel, in dem wir uns anschauen sollten. Und wenn uns Weihnachten auf unsere tiefe Einsamkeit stößt, dann hat es auch einen Sinn. Es ist jedenfalls besser, durch die Konfrontation mit dem Fest an die Wurzel unserer Einsamkeit heranzukommen, als ihr ständig auszuweichen. Von der Wurzel her kann auch Heilung geschehen.

Damit die Jugendlichen etwas von der heilenden Wirkung des Kirchenjahres spüren, versuchen wir, in unseren monatlichen Jugendvespern jeweils das Geheimnis eines Festes oder einer Festzeit so auszulegen, daß sich alle darin wiederfinden können. Im Folgenden wollen wir einige Hilfen geben, um die wichtigsten Feste des Kirchenjahres so zu verstehen, daß man davon leben kann. Die Gedanken entstanden aus Predigten zu Jugendvespern, aus Erfahrungen bei Kursen, die wir zu einzelnen Festen gehalten haben, und aus der Erfahrung, die wir als Mönche mit dem Kirchenjahr machen dürfen. Sie möchten helfen, das Kirchenjahr als Drama der eigenen Seele zu verstehen, und sie möchten dazu einladen, sich auf dieses Psychodrama einzulassen, um darin immer mehr das Heil Christi zu erfahren.

Es ist uns ein Anliegen, daß das Mitfeiern des Kirchenjahres nicht auf die offizielle Liturgie beschränkt bleibt. So geben wir immer wieder auch Anregungen, wie wir das, was wir in der Liturgie gefeiert haben, in einer Meditation oder einer Übung vertiefen können. Diese Übungen sollen helfen, das Festgeheimnis noch ein Stück mehr in den Leib, in das Herz zu lassen. Denn wir erleben heute die Liturgie leider oft nicht so leibhaftig, daß das Geschehen uns auch erfahrbar und spürbar wird. Die Übungen sind ein Versuch, das Psychodrama des Kirchenjahres in den Alltag hinein fortzuführen, die Riten der Liturgie in Riten des Alltags zu übersetzen. Jeder von uns lebt ja auch im Alltag in bestimmten Riten. Jeder hat sein eigenes Ritual, wie er morgens aufsteht, wie er frühstückt, wie er zur Arbeit geht, wie er seine freie Zeit verbringt, wie er seinen Abend gestaltet. Oft sind diese Rituale ungesund und machen uns krank. Wer morgens sich gleich in Hektik stürzt, weil er bis zur letzten Minute im Bett liegen bleibt, der hat sich ein ungesundes Ritual angewöhnt. Die Riten der Liturgie wollen auch die Riten unseres Alltags prägen und so das Heil in unser alltägliches Leben hineinbringen. Es gibt verschiedene Möglichkeiten solcher persönlicher Festtagsriten. Für mich gehört es zum Fest Darstellung des Herrn einfach dazu, die Kantate „Ich habe genug" von Joh. Seb. Bach zu hören. Ein Mitbruder läßt das Fest Verklärung Christi nicht vorübergehen, ohne in der Stundentrommel vom Berg Athos den Abschnitt über Verklärung zu lesen. Ein anderer verbindet bestimmte Feste mit einem Gang zu einer Kirche, die mit dem Festgeheimnis zu tun hat. Jeder kann da seine eigenen Riten entwickeln, die seinem Fest das besondere Gepräge geben. Durch diese Riten kann sich das Festgeheimnis tiefer in unser Herz hineingraben. In ihnen spielen wir das Spiel unserer Erlösung auch in unserm persönlichen Bereich weiter. In unseren persönlichen Ritualen zwingen wir uns nicht vom Willen her ein bestimmtes Verhalten auf, sondern wir lassen uns auf ein Spiel ein, das uns von innen her verwandelt und heilt. In den Ritualen des Alltags könnte so das Mysterium Christi im Laufe des Kirchenjahres seine heilende Wirkung in alle Bereiche unseres Lebens hinein entfalten.

I. Der Weihnachtsfestkreis

1. Advent

Das Kirchenjahr beginnt mit dem Advent. Advent heißt Ankunft. Wir warten auf die Ankunft Gottes. In dreifacher Weise kommt Gott bei uns an: in der Geburt Jesu vor 2000 Jahren, in unserem Innern heute und am Ende der Zeiten in Herrlichkeit.

Als Zeit des Wartens sollte der Advent eine Zeit der Stille sein. Es wird früher dunkel, die Abende werden länger, draußen wird es kälter. Die Jahreszeit lädt schon von sich aus ein, sich den Ahnungen des Herzens zu stellen, nach innen zu horchen und sich Zeit für Gott zu gönnen, wie es der hl. Anselm empfiehlt:

Auf, du kleiner Mensch, flieh ein wenig deine Geschäftigkeit! Verstecke dich eine kleine Weile vor deinen lauten Gedanken! Wirf die Sorgen ab, die auf dir lasten, und nimm Abstand von dem, was dich zerstreut! Gönne dir Zeit für Gott und ruhe in ihm! Sprich zu Gott: „Dein Antlitz, o Herr, will ich suchen" (Ps 27,8). Mein Herr und mein Gott, lehre du mein Herz, wo und wie es dich suchen, wo und wie es dich finden kann.[11]

Es wäre eine gute Übung in der Adventszeit, wenn wir uns öfter einmal still hinsetzen, bewußt gar nichts tun, sondern einfach in uns hineinhorchen und uns fragen: worauf warte ich eigentlich? Wonach sehne ich mich? Was könnte mein Leben erfüllen? Was fehlt mir? Gut wäre es, wenn wir bewußt einmal nachts dafür aufstehen würden, um zu wachen, Christus entgegenzuwachen, auf ihn zu warten, so wie es im Psalm 130 heißt: „Meine Seele wartet auf den Herrn, mehr als die Wächter auf den Morgen." Was es heißt, im Advent auf das Kommen Gottes zu warten, wird uns deutlich, wenn wir das Warten auf einen geliebten Menschen betrachten. Während wir auf den Ersehnten warten, malen wir uns aus, wie es sein wird, wenn der Erwartete kommt. Oft werden unsere Erwartungen nicht eingelöst. Wir erwarten mehr, als uns der Erwartete schenken kann. Unsere Sehnsüchte übersteigen alle menschliche Erfüllung. Oft sind wir enttäuscht, weil das lang erwartete Wiedersehen so unbefriedigend verläuft. Aber das nächste Mal erwarten wir doch wieder das Unerfüllbare.

Im Advent feiern wir bewußt 4 Wochen lang unsere Sehnsüchte. Indem wir sie feiern, bekommen sie eine positive Funktion. Wir brauchen unsere Sehnsüchte nicht zu verdrängen, wir brauchen nicht in Enttäuschung und Resignation zu fallen. Wir brauchen unser Leben auch nicht in übertriebenen Worten zu beschreiben, um die Enttäuschung nicht hochkommen zu lassen oder um sie vor den andern zu verbergen. Wer seine Erlebnisse immer als außerordentlich und ungewöhnlich schildern muß, der kann sich oft der Realität nicht stellen und möchte sie nicht wahrhaben. Im Advent stellen wir uns der Realität und zugleich unseren Sehnsüchten, die die Wirklichkeit unseres Lebens übersteigen. Wir bekennen, daß unsere Sehnsucht so groß ist, daß sie uns nichts und niemand erfüllen kann. Auch der größte Erfolg, auch das beste Prüfungsergebnis, auch der schönste Urlaub kann unsere Sehnsucht nicht einlösen. Gerade in ganz intensiven Erlebnissen steigt in uns eine Sehnsucht auf, die noch mehr erwartet, die den Augenblick festhalten will oder noch eine Steigerung erhofft. Das erfahren wir in der Begegnung mit Menschen. Wenn wir einen Menschen lieben und im Gespräch mit ihm eine tiefe Übereinstimmung spüren und darin an ein Geheimnis rühren, das uns übersteigt, dann tauchen zugleich mit der Erfüllung neue

Sehnsüchte auf. Wenn ein lieber Mensch uns das Erlebnis tiefer Geborgenheit schenkt, dann erahnen wir zugleich eine Geborgenheit und Liebe, die noch tiefer sind, als die, die wir erfahren. Es steigt in uns eine Sehnsucht nach endgültiger Geborgenheit auf, eine Ahnung davon, sich ganz in die Arme eines andern fallen zu lassen und für immer angommen, daheim, geborgen zu sein. Jede tiefe Erfahrung weist über sich hinaus und ruft in uns etwas wach, das nur von Gott her zur Ruhe kommen kann. Wer sich seine Sehnsucht selbst beruhigen will, der braucht immer mehr Erfolge, immer mehr Genuß, immer mehr Zuwendung, immer mehr Liebe. Und er überfordert sich selbst damit und er überfordert die Menschen, von denen er diese Liebe erwartet. Denn er erwartet dann von einem Menschen, was letztlich nur Gott zu schenken vermag. Er macht den Menschen zu einem Götzen und verliert den Blick für ein menschliches Miteinander. Wenn wir uns dagegen in unserer Sehnsucht von den Menschen auf Gott verweisen lassen, dann hält uns die Sehnsucht lebendig. Wir bleiben wach, wir strecken uns über die eigenen Grenzen hin aus und wachsen über unsere Enge hinaus.

Im Advent sollten wir getrost all unsere Enttäuschungen anschauen. Mein Freund, mein Ehepartner, die Gemeinschaft, in der ich lebe, sie sind alle so durchschnittlich. Ich habe mehr erwartet von ihnen. Mein Beruf füllt mich nicht aus. Da ist soviel Routine und Alltag. Doch statt darüber zu jammern, sollte ich mir sagen: es ist gut, daß das so ist, daß ich darin nicht meine letzte Erfüllung finde, daß die Menschen meinen Erwartungen nicht gerecht werden. Denn das läßt mich meine Sehnsucht auf Gott richten. Das treibt mich zu Gott. Wenn ich meine Enttäuschungen so betrachte, dann kann ich mich mit meinem durchschnittlichen Leben aussöhnen, ohne in Resignation zu verfallen, im Gegenteil, gerade die Banalität meines Lebens wird meine Sehnsucht nach Gott wachhalten. Und so kann ich Advent feiern, das Warten, daß Gott selbst in dieses Leben, in diese Durchschnittlichkeit tritt und damit alles verwandelt.

Viele können diese Sehnsucht nicht aushalten. Sie müssen sie zustopfen. Und so wird ihre Sehnsucht in Sucht pervertiert. Man wird süchtig, weil man sich der eigentlichen Sehnsucht im Herzen nicht stellen mag oder es nicht mehr kann. Die Angst vor der Lücke, die die Sehnsucht in uns aufdeckt, ist so stark geworden, daß man das Loch in sich unter allen Umständen zudecken muß. Man würde sonst verunsichert in seinem Lebensentwurf, der ganz auf die Erfüllung diesseitiger Wünsche ausgerichtet ist. Über den Zaun des Diesseits will man nicht schauen, aus Angst, der Blick könnte in ein Land fallen, das von Milch und Honig überfließt und uns zum Auszug aus dem eigenen Gebiet drängen würde. Es geht uns wie den Kundschaftern Israels, die fasziniert waren von dem Land der Verheißung, die aber aus Angst die Menschen in diesem Land als feindliche Riesen schilderten, weil sie den Auszug aus dem Vertrauten nicht wagen wollten.

In der Adventszeit stellen wir uns bewußt unseren unbefriedigten Bedürfnissen und Wünschen. Wir schauen über den Zaun unseres Lebens. Der Blick in das Land der Verheißung läßt in uns die Sehnsucht wachsen, auszuziehen und uns nicht im Vertrauten und Bekannten für immer einzurichten. Wer seine Sehnsucht feiernd zum Ausdruck bringt, der hat es nicht nötig, seine ungestillten Bedürfnisse in der Sucht totzuschlagen. Und er wird in sich entdecken, wo er in Gefahr ist, in Süchte zu fliehen. Die Feier des Advents will ihm helfen, seine Süchte wieder in Sehnsüchte zu verwandeln.

In der Adventszeit hören wir die Verheißungen Gottes, wie sie uns die Propheten überliefert haben. Da wird uns verkündet, daß Wasser mitten in der Wüste aufbrechen, daß die Schwerter zu Pflugscharen umgeschmiedet werden und der Wolf und das Lamm, der Panther und die Ziege friedlich beisammen wohnen werden. Das sind keine frommen Illusionen, in die uns die Propheten einlullen wollen. Es sind vielmehr Träume, in denen wir unsere eigenen Möglichkeiten entdekken. Es sind die Träume Gottes von uns. Und wir träumen uns im Advent in Gottes Träume von uns hinein, um unsere eigenen Möglichkeiten mehr und mehr zuzulassen. So spüren wir, wozu wir fähig sind. Wenn Gott kommt, dann wird die Wüste in unserem Herzen erblühen, dann wird mitten in unserer Leere und in unserer Dürre ein Quell aufbrechen und uns lebendig machen. Oder wie es das andere Bild aus dem Propheten ausdrückt, das wir in diesen Tagen immer wieder verwenden: Tau wird sich vom Himmel niederlassen und die Erde befruchten. Die Wolken des Himmels sollen den Gerechten herabregnen, damit neues Leben aufkeime, damit unsere Welt wieder bewohnbar werde.

Die blühende Wüste und der befruchtende Tau waren für Israel die Bilder, mit denen es das Kommen Gottes beschrieben hat. In unseren Breiten wurden mehr die Dunkelheit und die Kälte zu Symbolen unserer Welt, die auf das Kommen des Herrn wartet. In der Dunkelheit können wir uns nicht mehr orientieren, fühlen wir uns hilflos, allein gelassen. Wir finden keinen Weg nach Hause. In der Dunkelheit klammern wir uns an die Menschen, die in unserer Nähe stehen, um nicht in ein Loch zu fallen. Die Angst vor der Haltlosigkeit unseres Daseins treibt uns dazu, uns an Menschen festzuhalten. Wir erwarten von ihnen Halt in unserer Haltlosigkeit. Doch damit überfordern wir jeden Menschen. Keiner kann uns letzten Halt geben. Denn die Dunkelheit gefährdet auch ihn. So ist es eine befreiende Botschaft, wenn uns Jesaja zuruft: Das Volk, das da wandelt im Dunkeln, es sieht ein großes Licht (Jes 9,1). Dieses Wort kann unsere Angst beruhigen, es kann uns Licht bringen in unsere Dunkelheit.

Die Kälte des Winters ist Symbol für die Kälte unseres Herzens. Wir sprechen von einer frostigen Atmosphäre, die zwischen Menschen herrscht. Wir erschrecken vor Menschen, die eiskalt sind. Und wir haben Angst, daß auch unser Herz von der Kälte um uns herum erfaßt wird. Die Kerzen, die wir in der Adventszeit anzünden, bringen nicht nur Licht in unsere Dunkelheit, sondern auch Wärme in unser Herz. So wäre es eine gute Übung für die Adventszeit, wenn wir uns vor eine brennende Kerze setzen und einfach in die Flamme schauen. Wenn ich das flackernde Licht der Kerze auf mich wirken lasse, dann tauchen viele Sehnsüchte in mir auf, Sehnsucht nach Liebe, nach Wärme, nach Heimat. Manche Sehnsucht ist mit Erfahrungen der Kindheit verbunden. Aber trotzdem ist sie nicht nach rückwärts gerichtet, sondern sie geht in die Zukunft. In der Kindheit sind nur die Ahnungen von einem erfüllten Leben unverborgener hervorgetreten. Im Licht der Kerze steigen sie wieder hoch. Der Advent sagt mir, daß meine Sehnsüchte keine Illusionen sind, sondern eine Welt verheißen, in der das Licht Gottes Wärme und Liebe verbreitet, in der ich wahrhaft daheim sein kann, in der eine Blume aufblüht „mitten im kalten Winter wohl zu der halben Nacht".

2. Weihnachten

An Weihnachten feiern wir die Geburt Jesu Christi in Bethlehem. Doch das Fest begnügt sich nicht mit der Erinnerung an etwas Vergangenes, sondern es feiert unser eigenes Leben. Papst Leo drückt das so aus:

Da wir in Ehrfurcht das Erscheinen unseres Erlösers begehen, zeigt es sich, daß wir unsern eigenen Anfang feiern. (II,1,131)

Und in einer andern Predigt sagt er:

Laßt uns froh sein: Heute ist unser Retter geboren, Traurigkeit hat keinen Raum am Geburtstag des Lebens, das uns die Angst vor dem Sterben genommen hat . . . Christ erkenne deine Würde! Du bist der göttlichen Natur teilhaft geworden. Kehre nicht zu der alten Erbärmlichkeit zurück und lebe nicht unter deiner Würde. (II,1,135f)

Ähnlich sagt es Augustinus in einer Weihnachtspredigt:

Unser Herr Jesus Christus, der auf ewig Schöpfer von allem ist, wurde heute in seiner Geburt aus der Mutter unser Retter. Aus freier Entscheidung wurde er heute für uns in der Zeit geboren, um uns in die Ewigkeit des Vaters zu führen. Gott ist Mensch geworden, um den Menschen zu vergöttlichen. (I,1,156f)

Die Kirchenväter hatten noch ein Gespür dafür, daß wir an Weihnachten unser eigenes Fest feiern, das Fest unserer Erlösung. Die Geburt Christi hat eine Auswirkung auf uns, sie hat uns vergöttlicht. Und so feiern wir an Weihnachten das Fest unseres neuen Anfangs. Unsere Sehnsüchte gehen letztlich auf die Vergöttlichung des Menschen. Wenn Gott selbst kommt und uns vergöttlicht, dann ist unsere Ahnung erfüllt worden, daß es doch eine Liebe geben muß, die keine Grenzen kennt, daß es doch eine Heimat geben muß, in der wir für immer daheim sein können, daß doch das Licht endgültig alle Dunkelheit und Kälte vertreiben wird. An Weihnachten feiern wir die Erfüllung unserer Sehnsüchte.

Wir feiern die Geburt Christi in Bethlehem, um daran glauben zu können, daß in uns göttliches Leben ist. Ohne dieses Fest würden wir das göttliche Leben in uns übersehen. Wir würden das für Leben halten, was nach außen hin sichtbar ist: unser Arbeiten, unsere Erfolge und Mißerfolge, unser menschliches Miteinander, Anerkennung, Zuwendung, Liebe, unsere alltäglichen Freuden und Leiden. Wir würden daran vorbeisehen, daß in uns Gott selbst ist. Wir brauchen viele Symbole, um gegen die Macht der Fakten an das Geheimnis zu glauben, daß Gott in unsere Welt gekommen ist. Wir stellen Christbäume auf, zünden Kerzen an, wir singen Weihnachtslieder, die in Bildern das Geheimnis der Menschwerdung künden und in ihren trauten Melodien etwas davon vermitteln, daß unsere Welt anders geworden ist durch Gottes Kommen, daß wir uns in ihr ein Stück weit zuhause fühlen können. Und wir singen diese Lieder, um in uns neue Möglichkeiten zuzulassen: Liebe, Zärtlichkeit, Staunenkönnen, Ergriffenwerden, Fühlenkönnen. Wir besingen das göttliche Kind in der Krippe, um in uns selbst die Möglichkeiten eines Kindes zu entfalten: das Spontane und Unverfälschte, die Lebendigkeit und Echtheit, das Unverbrauchte und Unverdorbene.

Wir feiern an Weihnachten die Geburt Gottes in uns. Das hat Angelus Silesius in den bekannten Worten ausgedrückt: „Wird Christus tausendmal in Bethlehem geboren und nicht in dir, du bleibst noch ewiglich verloren." Und Maximus Confessor sagt es ähnlich: Gottes Wort, einmal dem Fleisch nach geboren ... will für die, welche danach verlangen, immerfort geistlich geboren werden. (I,1,146)

Der Gedanke von der Gottesgeburt im Menschen durchzieht die Schriften der deutschen

Mystiker. Nach Johannes Tauler sind alle Leiden dieser Zeit nur die Geburtswehen für die Geburt Gottes in unserer Seele. Und für C.G. Jung ist die Gottesgeburt im Menschen das Ziel der menschlichen Selbstwerdung. Wenn Gott im Menschen geboren wird, dann kommt er von dem kleinen Ich weg zu seinem eigentlichen Wesen, zum Selbst. Für Jung sind die Symbole für das Selbst und für Gott identisch. Ohne Integration des Gottesbildes gelangt der Mensch nicht zum Selbst — oder in der Sprache der Mystiker — in seinen Seelengrund, in seinen Kern, in dem er wirklich er selbst ist. Der Mensch kann die Gottesgeburt nicht mit eigenen Mitteln hervorrufen. Es ist das Werk Gottes selbst. Indem wir die Geburt Christi an Weihnachten feiern, können wir etwas davon erahnen, daß er auch in uns geboren werden will. Für die deutschen Mystiker ist das Schweigen der Ort, an dem Gott in uns geboren wird.

Im innersten Wesen der Seele, in Fünklein der Vernunft, geschieht die Gottesgeburt. In dem Reinsten, Edelsten und Zartesten, was die Seele zu bieten vermag, da muß es ein: in jenem tiefen Schweigen, dahin nie gelangte eine Kreatur noch irgendein Bild.[12]
Wir können von diesem Geheimnis etwas erahnen, wenn wir uns an Weihnachten einmal still vor das Bild der Krippe hinsetzen, das Bild in uns aufnehmen und uns vorstellen: dort, wo weder meine Gedanken noch mein Wollen und Planen hinreichen, da ist die Krippe in mir, in der das göttliche Kind liegt. In mir ist Gott, genauso zärtlich und leicht übersehbar wie dieses Kind. Wenn Gott wie ein Kind in uns wohnt, dann geht etwas von dem Geheimnis eines Kindes auf uns über. Wir werden ganz still, ganz behutsam und zärtlich. Wir entdecken in dem Kind unser eigenes unverstelltes Wesen und vielleicht spüren wir

einen tiefen Frieden in uns, wenn wir schweigend mit uns eins geworden sind.

Wir dürfen die Gottesgeburt jedoch nicht mißverstehen, so als ob wir über Gott verfügen können. C.G. Jung sagt, der Mensch soll immer wissen, daß er nur der Stall ist, in dem Gott geboren wird. Wir sind nicht ein Palast, der für die Aufnahme Gottes bereit ist. Wir verdienen es nicht, daß Gott in uns ist. Wir können uns auch durch Askese oder Gebet oder Meditation das nicht verdienen. Wir sind immer nur der Stall. Und in diesem Stall liegen Mist und Unrat. Wir brauchen das Unreine in uns nicht zu verdrängen. Wir werden von Gott gewürdigt, daß er trotzdem in uns wohnen will. Aber wir brauchen die Feier von Weihnachten, um daran glauben zu können. Denn von uns her können wir daran nicht glauben. In uns sehen wir oft nur das Dunkle, das Durcheinander, die Grenzen und Schwächen. Wir erleben uns oft weit weg von Gott. Da muß uns ein Fest vor Augen führen, daß Gott in der Krippe im Stall geboren wird, von Ochs und Esel umgeben, und daß gerade die Hirten, die wenig vornehmen Teile unserer Seele, kommen müssen, um dieses Kind anzubeten, während unser Verstand als der edelste Teil zurückbleibt mit seinen Entschuldigungen: wir haben keinen Platz in der Herberge. Und wir brauchen die Lieder und die Kerzen, um daran glauben zu können, daß die Geburt Gottes in uns neue Saiten zum Klingen bringen kann.

3. Epiphanie

Das Weihnachtsgeheimnis wird am Fest Epiphanie, Erscheinung des Herrn, weiter entfaltet. Hier wird ein anderer Aspekt am Kommen Gottes in unsere Welt gefeiert: die Erscheinung Gottes im Fleisch. Gott ist anschaubar geworden in einem kleinen, zarten Kind, begreifbar, berührbar, fühlbar. Petrus Chrysologus drückt das Geheimnis dieses Festes so aus:

Heute findet der Sternkundige den als weinendes Kind in der Wiege, dessen Glanz er am Sternenhimmel gesucht hatte. Heute bewundert er sichtbar in Windeln, den er lange unter den Sternen verborgen glaubte. In tiefer Bestürzung erkennt er heute, was er dort sieht: auf der Erde den Himmel, im Himmel die Erde; in Gott den Menschen, im Menschen Gott, und in den Leib eines Säuglings gehüllt, ihn, den die ganze Welt nicht zu fassen vermag. (I,1,166)

In den Sterndeutern, die sich aus dem Osten aufmachten, um das göttliche Kind zu suchen, hat sich das Volk selbst gesehen und in zahlreichen Legenden ihre Geschichte entfaltet. Die Magier kommen aus dem Osten, dort, wo die Sonne aufgeht.[13] Sie schauen in die Nacht, erforschen die Sterne. Sie sind Menschen, die nach innen schauen, auf die Ahnungen des Herzens. Dort am Firmament ihres Herzens leuchtet ein Stern auf, der ihnen die Geburt eines göttlichen Kindes verheißt. Und sie brechen auf, sie folgen dem Stern. Sie schlagen ihre Ahnungen nicht wieder mit vielen vernünftigen Gründen tot, so wie Herodes, der sich sofort an die Schriftgelehrten wendet, an den Verstand, um wieder alles einordnen und damit beherrschen zu können. Er erschrickt über die Botschaft von einem göttlichen Kind. Ein Kind macht ihm Angst. Warum? Ein Kind lebt spontan, es läßt sich nicht befehlen und beherrschen. Es läßt sich nicht einordnen. Und Herodes muß über alle herrschen, um die Angst zu unterdrücken, von der er selbst beherrscht wird, die Angst, im Grunde nicht über sich und die Welt verfügen zu können, sondern abhängig zu sein von einem Größeren. Herodes muß die andern klein machen, um an die eigene Größe glauben zu können. Sowohl die Sterndeuter wie Herodes zeigen uns auf, wie wir auf die Ahnungen unseres Herzens reagieren können. Das Fest Epiphanie will uns einladen, wie die Sterndeuter uns aufzumachen und dem Stern zu folgen, der uns zu dem göttlichen Kind führt.

Das Kind wird nicht in der Hauptstadt geboren, nicht dort, wo wir unsere Geschäfte betreiben, wo wir Erfolg haben und etwas gelten, sondern in Bethlehem, in der Provinz, in den unbedeutenden und vernachlässigten Teilen unserer Seele. Dort finden die Magier das Haus mit Maria und dem Kind, das Haus, in dem sie wahrhaft zuhause sein können, weil dort das Geheimnis wohnt. Und sie fallen vor dem Kind nieder und beten es an. Und indem sie sich selbst vergessen und vor dem Kind sich beugen, werden sie selbst wie ein Kind. Die Künstler haben auf ihren Bildern dargestellt, wie die alten Männer auf einmal zärtliche Hände bekommen, wie ihre Augen leuchten, wie ihr Gesicht strahlt wie das eines Kindes. Und sie legen ihre Gaben nieder: das Gold als Zeichen ihres Besitzes. Sie brauchen nun ihren Reichtum nicht mehr, das Kind genügt ihnen. Es beschenkt sie mehr als alles Gold. Der Weihrauch ist Zeichen ihrer Sehnsucht. Die ist nun gestillt, nun sind sie wahrhaft angekommen daheim. Heimat erfährt man nur dort, wo das Geheimnis wohnt. Der Weihrauch verehrt das Geheimnis, Gott. So sagen es uns die Kirchenväter. So wie der Weihrauch zum Himmel steigt, so sehnt sich unser Herz nach dem Geheimnis, das uns daheim sein läßt. Im Haus, wo Maria und das Kind wohnen, da läßt es sich zuhause sein. Und die Magier bringen Myrrhe mit, ein Heilkraut, das der Legende nach aus dem Paradies stammt. Indem sie sich vor dem Kind vergessen und in der Anbetung aufgehen, spüren sie ihre Wunden nicht mehr. Und sie ahnen etwas von dem unverfälschten Anfang des Paradieses.

Karl Rahner hat diese Geschichte vom Zug der Magier in einer andern Weise gedeutet, aber auch er sah in ihnen ein Bild unseres Lebens.

Siehe, die Weisen haben sich aufgemacht. Ihre Füße liefen nach Bethlehem, ihr Herz aber pilgerte zu Gott. Sie suchten ihn; aber während sie ihn suchten, führte er sie schon. Sie glauben nicht, daß der Mensch seinen einen Schritt unterlassen dürfe, weil Gott ja doch tausend machen müsse, damit beide sich finden.

Sie sehen einen Stern seltsam am Himmel emporsteigen. Und wenn sie auch erschrecken vor der Kühnheit ihres Herzens, so gehorchen sie doch und brechen auf. Sie gehen verschlungene Wege, aber vor Gottes Augen ist es der gerade Weg zu ihm, weil sie ihn in Treue suchen. Der Weg ist weit, die Füße werden müde und das Herz wird schwer. Es kommt sich seltsam vor, das arme Herz, weil es so anders sein muß als die Herzen der anderen Menschen, die so ernsthaft dumm in ihren Alltagsgeschäften versunken sind, wenn sie mitleidig oder ärgerlich diese Reisenden vorüberziehen sehen auf der Reise der nutzlosen Verschwendung des Herzens.

Aber ihr Herz hält durch. Und wie sie endlich ankommen und niederknien, tun sie nur, was sie eigentlich immer taten, was sie auf der Suche und Reise schon taten; sie bringen das Gold ihrer Liebe, den Weihrauch ihrer Ehrfurcht, die Myrrhe ihrer Schmerzen vor das Antlitz des unsichtbaren Gottes. Still, wie sie gekommen sind, schwinden sie wieder aus dem Gesichtskreis der heiligen Geschichte. Aber wer einmal sein ganzes Herz bis zum letzten Tropfen verschwendet hat an den Stern, der hat das Abenteuer seines Lebens schon bestanden, der ist angekommen, auch wenn der Weg noch weiterführt.

Laßt auch uns auf die abenteuerliche Reise des Herzens zu Gott gehen! Laßt uns aufbrechen und vergessen, was hinter uns liegt! Es ist noch alles Zukunft — weil wir Gott noch finden, noch mehr finden können. Der Weg geht durch Wüsten und Finsternisse. Aber verzage nicht: der Stern ist da und leuchtet. Du sagst, er stehe zu klein und zu fern am Firmament deines Herzens? Aber er ist da! Er ist nur klein, weil du noch weit zu laufen hast! Er ist nur fern, weil deiner Großmut eine unendliche Reise zugetraut wird!

Brich auf, mein Herz, und wandre! Es leuchtet der Stern. Viel kannst du nicht mitnehmen auf den Weg. Und viel geht dir unterwegs verloren. Laß es fahren! Gold der Liebe, Weihrauch der Sehnsucht, Myrrhe der Schmerzen hast du ja bei dir. Er wird sie annehmen. Denn du wirst ihn finden![14]

Eine Geschichte hören und sich darin wiederfinden kann man auch unabhängig von einem Fest. Aber wir feiern Epiphanie. Die Geschichte deutet uns das, was wir feiern. Die Kirchenväter haben in ihren Predigten immer vom „Heute" gesprochen. Heute geschieht das, was wir hören, heute erscheint in dem Brot auf dem Altar Gottes Herrlichkeit. Und wir haben uns aufgemacht, um vor diesem Gott im Fleische niederzufallen. Wenn wir im Graduale singen: „Stehe auf, Jerusalem, und werde Licht, denn die Herrlichkeit des Herrn geht strahlend auf über dir", so besingen wir das, was jetzt wirklich geworden ist. Gottes Herrlichkeit ist unter uns. Die liturgischen Gewänder, die Gesänge, die Riten, sie wollen unsern Blick für diese Wirklichkeit öffnen. Und die Gebärde des Kniens könnte uns an diesem Tag das Geheimnis berühren lassen: wir fallen vor dem göttlichen Kind nieder, beten es an. Vielleicht werden wir davon auch neu wie die Magier, lebendig, zärtlich wie das Kind in der Krippe.

4. Taufe Jesu

Das Fest der Taufe Jesu zeigt das Erscheinen Gottes in den Elementen der Schöpfung und in der Schuld und Sünde der Menschen. Diese beiden Aspekte nennt Proklos in einer Predigt:

Christus ist der Welt erschienen, hat die ungeordnete

Welt des Chaos geordnet und sie hell und froh gemacht. Er hat die Sünde der Welt auf sich genommen und den Feind der Welt gestürzt. Er hat die Wasserquellen geheiligt, die Seelen der Menschen erleuchtet und die Wunder mit dem größeren Wunder übertroffen. Heute haben sich Land und Meer in die Gnade des Erlösers geteilt, und die ganze Welt strömt über von Freude . . . Heute singt die ganze Schöpfung den Hymnus: „Gesegnet sei der, der kommt im Namen des Herrn!" (I, 1, 173f)

In der Taufe steigt Gott in die Elemente der Schöpfung und heiligt sie. Im Wasser als dem Urelement sind alle Dinge dieser Welt geheiligt. In allen Dingen ist nun Gott zu finden. Und alle Elemente weisen auf ihn hin. Das Wasser darf nun Gottes Leben mitteilen, der Wind Gottes Geist und das Feuer Gottes Kraft. Und Christus steigt in der Taufe in unsere Sünde hinab. Denn die Fluten des Jordan, in denen sich die Sünder taufen ließen, sind mit der Schuld der ganzen Menschheit beladen Symbol für das Chaos, für die Abgründe der menschlichen Sünde. Dahinein steigt Jesus, um mit uns zusammen emporzusteigen und uns den Himmel zu öffnen. Wir feiern das, was mit Jesus geschah, damit es auch an uns geschieht: „Der Himmel öffnete sich ihm und er sah den Geist Gottes wie eine Taube auf sich herabkommen." Und auch für uns gilt: Wenn wir aus den Fluten unserer Schuld und aus den Wassern unserer Angst emporschauen zum Himmel, dann sagt Gott zu uns: „Du bist mein geliebter Sohn, an dir habe ich mein Wohlgefallen." Das Fest der Taufe Jesu will unsern Blick lösen von der Fixierung auf unsere Schuld, auf unsere Angst, auf das Chaos und Dunkel unserer inneren Abgründe. Es will uns aber auch davor bewahren, das Dunkle in uns zu verdrängen und uns in eine heile Welt flüchten zu wollen. Mitten aus dem Dunkel und mitten in unserer Schuld will Gott uns erscheinen. Ja das Fest der Taufe Jesu läßt uns mitten in unseren Schattenseiten Gott selbst erkennen. Es öffnet uns den Blick dafür, daß uns überall Gottes Wort erreicht: „Du bist mein geliebter Sohn." Dieses Wort gilt nicht erst dann von uns, wenn wir uns nach jahrelangen moralischen und asketischen Anstrengungen von aller Sünde befreit haben, sondern es gilt mitten in unserer Sünde, mitten in unserem Dunkel. Gott ist auch dort uns nahe.

Das Fest der Taufe Jesu erinnert uns an die eigene Taufe. Bei unserer Taufe hat Gott zu uns gesagt: »Du bist mein geliebter Sohn.« Und dieses Wort ist uns in die Hand geschrieben. Es ist das Urwort, das über unserem Leben steht. Wir können es selbst durch unsere Schuld nicht mehr auslöschen. Wir sind und bleiben die Geliebten Gottes.

5. Darstellung des Herrn

Mit dem Fest der Taufe Jesu endet der Weihnachtsfestkreis. Früher ging die Weihnachtszeit bis zum Fest Mariä Lichtmeß. Heute heißt es Fest der Darstellung des Herrn. Dieses Geheimnis gehört wesentlich zu Weihnachten hinzu. Maria, die Jungfrau, die das göttliche Kind geboren hat, opfert ihr Kind dem Herrn. Sie übergibt das Kind Gott. Sie läßt es los und empfängt es dann wieder neu. Das ist Symbol für unsere Menschwerdung. Wir müssen das Wertvollste, das wir empfangen haben, das göttliche Kind in uns, weggeben. Wir dürfen es nicht für uns behalten, nicht festhalten. Wir haben kein Anrecht auf die Geburt Gottes in uns, auf das Kind in uns. Wir müssen es erst hergeben, um es empfangen zu können. Das Wertvollste in uns ist nicht das, was wir uns selbst erarbeitet haben, sondern das, was wir geschenkt bekommen. Aber auch das

Geschenkte müssen wir immer wieder Gott zurückgeben, damit er es uns neu schenkt. Das Fest der Darstellung des Herrn zeichnet uns unsern Weg der Selbstwerdung voraus. Wir müssen uns selbst verschenken, um uns zu gewinnen. Wir müssen alles hergeben, um alles zu bekommen. Wir müssen sterben, um zu leben. So leitet dieses Fest schon über zum Osterfestkreis.

II. Der Osterfestkreis

1. Fastenzeit

Der Osterfestkreis wird von einer 40tägigen Fastenzeit eingeleitet. Die Fastenzeit beginnt mit dem Evangelium von der Versuchung Jesu in der Wüste und mit seiner Predigt: „Die Zeit ist erfüllt, das Reich Gottes ist nahe, kehrt um und glaubt an das Evangelium!" (Mk 1,15) Um diese beiden Themen geht es in der Fastenzeit. Wir stellen uns unserer eigenen Wüste und den Versuchungen, die uns dort begegnen, und wir versuchen, umzukehren und Gott in unser Leben hineinzulassen.

Die Wüste ist ein Ort, in dem aller Schutz wegfällt. Wir sind allein mit uns konfrontiert, mit unserer inneren Leere, mit unserer Hilflosigkeit, mit unserer Einsamkeit, mit der Verwüstung um uns herum und in unserem eigenen Herzen. In der Wüste begegnen wir unsern eigenen Grenzen, wir entdecken, daß wir uns nicht selbst helfen können, sondern auf Gottes Hilfe angewiesen sind. Wir sind der Wüste schutzlos ausgesetzt, wir spüren Durst nach so vielem und hungern nach dem, was unsern Mangel verdecken könnte. Christus hat in der Wüste gefastet. Für die Christen der Urkirche war das Fasten die Weise, sich ihrer eigenen Wüste zu stellen und sie mit Christus zu durchqueren, um durch sie hindurch wie Israel in das Gelobte Land zu gelangen. Für Israel waren die 40 Jahre in der Wüste eine Zeit der Prüfung und Bewährung, eine Zeit auch, in der Gott als besonders nahe erlebt wurde. Und eine Zeit, die Israel gefügig gemacht hat, damit es als gereift und geläutert in das verheißene Land einziehen konnte. Christus hat diese Wüstenzeit Israels nachvollzogen und uns gezeigt, daß das auch für uns ein Lebensgesetz ist, daß auch für uns der Weg zum gelobten Land durch die Wüste führt.

Ostern als der Durchzug durch das Rote Meer, durch die Pforte des Todes, und als Einzug in das Land des Neuen Lebens ist das Ziel unserer Wanderschaft. Doch in der Fastenzeit wagen wir uns zusammen mit Christus in die Wüste hinein. Das Fasten unterstützt unsere Wüstenerfahrung.[15] Es nimmt uns so vieles, mit dem wir sonst die hochsteigende Leere zustopfen und die sich zu Wort meldenden Begierden und Bedürfnisse zufriedenstellen können. Wir werden mit unserer eigenen Nacktheit konfrontiert. Und da spüren wir, daß wir uns nicht selbst genügen, daß in uns ein Spalt offensteht, durch den das Nichts uns anstarrt. Vor diesem Nichts wollen wir uns schützen, indem wir den Spalt zuschütten mit Essen und Trinken. Wenn wir im Fasten den Spalt bewußt offenlassen, dann tauchen aus der Tiefe unseres Abgrunds alle möglichen bedrohlichen Gedanken auf, unterdrückte Gefühle, Ängste. Wir werden mit unserer innersten Wahrheit konfrontiert, daß wir Geschöpfe Gottes sind, die von Gott ständig am Sein gehalten werden und ohne Gott in das Nichts versinken würden. Wer sich dieser Wahrheit stellt, wird innerlich frei, er hat die Angst überwunden und kann sich an seinem Sein freuen, das ihm Gott Tag für Tag schenkt.

Das Fasten nimmt uns die Hülle weg, die über unsern Gedanken und Gefühlen liegt. Und so rühren wir an all den Ärger, der in uns steckt, an unsere unerfüllten Wünsche und Bedürfnisse. Das Fasten zeigt uns, was der Grund unseres Lebens und unseres Wohlbefindens ist. Sind wir mit Gott nur zufrieden, sind wir nur dann gut gelaunt, wenn wir genügend zu essen und zu trinken haben? Ist unsere Frömmigkeit nur eine Verlängerung unseres Wohlbefindens auf Gott oder leben wir aus einem andern Grund, aus einer andern Quelle? Das Fasten will uns zu dieser Quelle führen, in der Gottes Geist selbst in uns sprudelt. Es treibt uns in die eigene Ohnmacht, damit wir nichts von uns, sondern alles von Gott her erwarten. Wir können unsern Mangel nicht selbst ausfüllen, das kann nur Gott.

Das Fasten hat für die alte Kirche aber noch andere Wirkungen. Es macht den Menschen durchlässig für Gott. Das Fasten befreit den Leib von allem unnötigen Ballast. Der Körper wird entschlackt. Das Fasten baut überalterte und kranke Zellen ab und regt die Neubildung von jungen Zellen an. Es regeneriert den Leib und damit auch die Seele. Nicht umsonst ist die Fastenzeit im beginnenden Frühjahr angesetzt. Der Winterspeck wird abgebaut. Wie in der Natur der Winter das Leben auf Sparflamme gesetzt hat, damit es sich regenerieren und im Frühling neu aufbrechen kann, so soll der Mensch im Fasten alles Überflüssige absterben lassen, damit er jugendlich und frisch aufleben kann. Wir Christen verbinden diese rein natürliche Wirkung des Fastens mit dem Geschehen Christi. Christus geht in die Wüste, er fastet, um dann gestärkt sein Werk zu beginnen und den Menschen Gottes Nähe zu vermitteln. Am Ende seines Werks steigt er ins Grab, in den Tod, um sich neu zu sammeln und als verwandelter aufzuerstehen. Das Fasten will uns für das neue Leben Christi bereiten. Es bearbeitet den Acker unseres Leibes für die Saat Gottes.

Die Liturgie nennt die Fastenzeit eine Zeit der Gnade: „Jetzt ist die Zeit der Gnade, jetzt sind die Tage des Heiles." Wir sollen wacher und bewußter als sonst leben, alle Nachlässigkeiten ablegen und in der Freude des Hl. Geistes das hl. Osterfest erwarten, wie Benedikt in seiner Regel sagt. Die Fastenzeit will unsern Leib, unsere Seele, ja die ganze Erde, aufnahmefähig machen für das göttliche Leben, das an Ostern aufbrechen soll. So besingt es der Hymnus der Fastenvigil:

Hört die Mahnung der Schrift:
Jetzt ist die Zeit der Gnade da!
Paulus sagt uns das Wort:
Jetzt ist die Stunde unseres Heils,
empfangt nicht vergeblich die göttliche Gnade.
Maßvoll lebe der Leib,
wachsam und lauter sei der Geist,
daß der Weg dieser Zeit
Durchgang zur Auferstehung sei.
Die Erde zu heilen, schuf Gott diese Tage.
Zeichen schauen wir nun,
Irdisches wird zum Bilde hier;
denn das kreisende Jahr
läßt nach des Winters Frost und Nacht
den Frühling die Erde für Ostern bereiten.

In den ersten Wochen der Fastenzeit steht der Mensch im Mittelpunkt. Im Fasten stellt er sich seinem eigenen Mangel. Im Verzichten auf die Dinge will er seine innere Freiheit einüben. Und in der Beichte konkretisiert sich sein Wille nach Umkehr und Buße. Da spricht er all das aus, was in ihm hochgekommen ist. Das tut seiner Seele gut und befreit ihn von allem inneren Ballast.

2. Passionszeit

In den letzten beiden Wochen vor Ostern tritt nun die Passion Jesu in den Blickpunkt. Drei Gründe sind es, die die Kirche bewegt, uns einzuladen, das Leiden Jesu zu betrachten. Der erste Grund liegt darin, daß der Mensch gerne vor dem Leiden flieht. Doch zum Menschsein gehört notwendigerweise das Leiden an seiner endlichen Existenz, an seinen Grenzen und Schwächen, an seiner Sterblichkeit. Doch viele wollen nicht wahrhaben, daß sie endlich sind. Sie gebärden sich wie Gott. Darin besteht die Ursünde, sein zu wollen wie Gott, allmächtig, sich selbst genug, unangefochten. Aus dieser Ursünde entsteht alles Unheil. Jetzt muß sich einer vor dem andern verstecken, weil er doch nicht Gott ist, sondern nackt. Jetzt muß einer auf den andern neidisch werden und ihn aus dem Weg räumen, um an seiner eigenen Größe festhalten zu können wie Kain.[16] Die Kirche führt uns in der Passionszeit den leidenden Gott vor Augen, damit wir von unserem Größenwahn lassen, sein zu wollen wie Gott. Dieser Größenwahn führt nicht bloß zu immer neuer Sünde, sondern auch in die Krankheit. Wer das Leiden an seiner endlichen Existenz nicht aushalten will, der sucht sich Ersatzleiden. C.G. Jung nennt die Neurose einen Ersatz für das notwendige Leiden des Menschen an seiner Existenz. In eine Angstneurose gerät einer, der meint, immer der Beste und Größte sein und alles perfekt machen zu müssen. Es lassen sich heute viele Ersatzleiden beobachten. Einer leidet an Magengeschwüren, weil er es nicht aushalten kann, daß die Welt sich nicht nach seinen Vorstellungen richtet und weil er den Ärger über diese Enttäuschung in sich hineinfrißt. Ein anderer erleidet einen Herzinfarkt, weil er vor sich selbst davonläuft und sich in ständige Aktivität flüchtet. Alle Fluchtwege vor dem Leiden führen nur zu neuen Leiden, zu Ersatzleiden. In der Passionszeit schauen wir auf das Leiden Jesu, um uns damit auszusöhnen, daß wir endlich und schwach sind, von andern angefeindet und bedroht, daß unser Leben auf den Tod zuläuft. Das macht uns menschlich und befreit uns von der tiefsitzenden Angst, daß wir ja doch nicht wie Gott sein können. Und es befreit uns von den Ersatzleiden, die uns innerlich nicht weiterbringen. Der zweite Grund, warum uns die Kirche mit dem Leiden Christi konfrontiert, liegt darin, daß wir uns selbst in dem leidenden Jesus wiederfinden können. Wir gehen seinen Kreuzweg nach und entdecken, daß es die Stationen des eigenen Lebens sind. Im Leiden Jesu wird unser Leiden hoffähig. Wir dürfen es zugeben. Wir brauchen es nicht zu verdrängen, wir brauchen unsere Energie nicht damit zu verschwenden, uns vor den Menschen als stark zu zeigen, wenn es uns schlecht geht. Wir brauchen uns keine Vorwürfe zu machen, wenn wir mit uns nicht zurecht kommen. Wir dürfen Probleme haben, wir dürfen krank sein. Wir stehen nicht unter dem Zwang, gesund und normal sein zu müssen. In Jesus sehen wir, daß unser Leiden Raum hat im Bereich Gottes.

Und noch ein Grund bewegt die Kirche, das Leiden Christi zu feiern. Sie zeigt uns, daß wir in unserem Leiden nicht allein sind, sondern in Gemeinschaft mit Christus. Das Leiden verbindet uns mit ihm. Der Leidende fühlt sich häufig allein, ausgeschlossen aus dem Kreis der Gesunden, isoliert. Das erfährt jeder, der unheilbar krank ist. Die Menschen machen einen Bogen um ihn. Und er selbst hat Angst, sich den andern zuzumuten. Er stört sie ja in ihrem Gefühl. Die Feier der Passion zeigt uns, daß uns unser Leiden mit Christus verbindet, ja daß es ein Weg ist, ihm zu begegnen, mit ihm eins zu werden. Die Gemeinschaft mit Christus gibt uns Kraft, unsere Situation auszuhalten. Wir brauchen uns durch unser Leiden nicht vom Leben ausgeschlossen oder als Versager zu fühlen, sondern erfahren uns als Menschen, die Gott selbst angerührt hat, denen er zumutet, mit Christus zu leiden, um auch mit ihm verherrlicht zu werden.

3. Kartage — Triduum sacrum

Im Triduum sacrum, in den hl. Tagen: Gründonnerstag, Karfreitag, Karsamstag und dann an Ostern wird uns das Grundgesetz unseres Lebens vor Augén geführt. Diese Tage sind wohl die wichtigsten im ganzen Kirchenjahr. Und wir sollten sie ganz bewußt feiern, uns Zeit dafür nehmen, nicht bloß für die Liturgie, sondern auch für die persönliche Vertiefung. Wir könnten Symbole der Liturgie meditieren, etwa das Brot, den Kelch, die Fußwaschung, das Kreuz, das Grab, alles Bilder für unser Leben und zugleich Bilder für unser Heil. Wenn wir an diesen Tagen den Weg Jesu mitgehen, gehen wir zugleich den Weg unserer Selbstwerdung. Dieser Weg vollzieht sich in vier Schritten: Annehmen (Gründonnerstag), Loslassen (Karfreitag), Einswerden (Karsamstag), Neuwerden (Ostern).

Am **Gründonnerstag** geht es um das „Annehmen". Wir feiern die Einsetzung des Abendmahles. Im Abendmahl nimmt uns Christus auf eine ganz inténsive Weise an. Miteinander Mahl halten ist für die Juden schon Annehmen des andern, Einswerden mit ihm. Wenn ich mit einem Mahl halte, kann ich nichts gegen ihn haben. Ich esse von dem gleichen Brot, trinke aus dem gleichen Kelch und werde so eins mit dem andern. Christus nimmt diese Symbolik auf. Aber er gibt sich nun selbst im Brot und im Wein. Wie das Brot eins wird mit dem, der es ißt, und der Wein den Trinkenden ganz durchdringt, so wird Christus mit uns eins in der Eucharistie. Es gibt nun nichts mehr in uns, das er nicht angenommen hat. Am Gründonnerstag wird das, was in der Eucharistie geschieht, noch in einem eigenen Ritus veranschaulicht, in der Fußwaschung. In der Fußwaschung deutet Jesus den Jüngern seinen Tod, der in der Eucharistie gegenwärtig wird. Im Tod beugt sich Jesus bis zu unsern Füßen, bis in den Staub. Im Tod nimmt er wahrhaft eines Sklaven Gestalt an. Im Tod wäscht er uns die Füße wie ein Sklave. Er wäscht uns unsern Schmutz ab. Nun sind wir ganz rein. Nun haben wir wahrhaft Anteil an ihm, Gemeinschaft mit ihm. Die Fußwaschung zeigt uns auf anschauliche Weise, was in jeder Eucharistie geschieht, daß wir mit unserer Schuld angenommen sind, daß unsere Schuld abgewaschen wird und wir ganz eins werden mit Christus. Wenn wir seinen Leib essen, beugt er sich zu uns herab bis zu den Füßen und nimmt uns an.

Das ist der eine Aspekt von „Annehmen" am Gründonnerstag. Der andere Aspekt zeigt sich am Ölberg, da Jesus alleingelassen von seinen Jüngern mit dem Vater ringt. Der Vater mutet ihm die Passion, den Tod am Kreuz zu. Jesus hat Angst davor, er bittet, der Vater möge den Kelch an ihm vorübergehen lassen. Aber er ergibt sich in den Willen Gottes. Annehmen heißt hier, ja sagen zum Willen Gottes, ja sagen zu dem, was Gott einem zumutet, sich aussöhnen mit dem eigenen Schicksal. In diesen Engpaß, da wir nicht ausweichen können, geraten wir alle einmal in unserem Leben. Die Kirche lädt uns am Gründonnerstag ein, die Nacht mit Jesus zu wachen, um uns wie er durchzuringen zur Annahme des Willens Gottes. Und wir sollen mit ihm wachen, um nicht in Versuchung zu fallen. Die Versuchungen, die Jesus in der Wüste bestand, verdichten sich noch einmal im Ölbergkampf. Wir wachen mit Jesus, um diese Versuchungen zu bestehen, um nicht der Faszination der Macht, der Geltung bei andern und der Verblendung zu erliegen, sondern uns in Gottes Willen zu ergeben und darin unsere wahre Befreiung zu erfahren. Doch diesen Kampf brauchen wir nicht als Heroen zu bestehen. Wir sehen Jesus in seiner Angst und Einsamkeit. So dürfen auch wir Angst haben und uns einsam fühlen. Wir sollen im Blick auf Jesus die eigene Angst und Einsamkeit annehmen, eine Einsamkeit, in die uns kein Mensch mehr begleiten kann, in der aber Christus schon auf uns wartet.

Ein wahres Mysterienspiel ist die Liturgie des **Karfreitags**. Da wird nicht gepredigt, nicht mit Worten gedeutet und erklärt, sondern da werden Riten vollzogen, die so dicht sind, daß sie keine redselige Predigt vertragen. Das Psychodrama beginnt mit einem tiefen Schweigen. Der Priester wirft sich zu Boden. Er muß sich vor dem Geheimnis beugen. Wir können nur betroffen, sprachlos staunend das Geheimnis unserer Erlösung feiern. Das Schweigen bereitet uns auf das Hören der geheimnisvollen Worte aus dem Propheten Jesaja vor: „Er hat unsere Krankheit getragen, unsere Schmerzen auf sich geladen, durch seine Wunden sind wir geheilt." (Jes 53,4f) Damit ist der Schlüssel angegeben, wie wir Jesu Passion zu sehen haben: seine Verachtung und Verspottung, seine Schwäche und sein Scheitern, seine Verlassenheit und Verzweiflung, das sind unsere Wunden. Das sind aber zugleich auch die Wunden, durch die wir geheilt werden. Die Passionsgeschichte ist eine einzige Heilungsgeschichte, die Geschichte der Heilung unserer inneren Wunden. Und daher werden diese Wunden erst einmal schonungslos aufgedeckt, unsere eigenen Wunden, aber auch das Krankheitsbild unserer Welt, in der einer dem andern die Schuld zuschiebt, in der einer den andern verrät, in der Menschen in den Mühlen der Sachzwänge zerquetscht werden, in der einer den andern lächerlich macht, verspottet und schließlich schadenfroh zuschaut, wie er qualvoll stirbt. In der Passionsgeschichte schildert uns Johannes diese Welt. Aber zugleich schildert er ihre Erlösung. Er will uns zeigen, daß in all diese unheilvollen Situationen Christus hineingestiegen ist und sie erlöst hat. Er hat unsere und unserer Welt Wunden auf das Kreuz hinauf und sie dort aus unserer Welt herausgetragen. Der Weg der Passion ist für Johannes zugleich der Weg der Verherrlichung. Das Kreuz ist nicht bloß ein Marterwerkzeug, sondern zugleich der Thronsitz, von dem aus Christus über die ganze Welt herrscht. Am Kreuz, dort, wo unsere Wunden und unsere Nöte sich verdichten, da herrscht nun Christus als der Sieger über alles Leid.

Und so reagiert die Kirche auf die Verkündigung der Passion in den großen Fürbitten, in denen sie für die ganze Welt betet. Durch ihr Gebet soll die Erlösung in die Welt von heute kommen. Die Liturgie ist nicht weltlos. Sie bringt die Welt vor Gott zur Sprache. Sie nennt alle Bereiche unserer Welt: die Regierenden und die, die darunter leiden, die Glaubenden und die Nicht-Glaubenden, die Pilger und Flüchtlinge, und alle, die nicht mit sich zurechtkommen. Und jedesmal antworten wir mit einer Gebärde. Wir knien nieder und werden im schweigenden Niederknien eins mit den Menschen, für die wir beten. Wir lassen unsere Vorurteile und unsere Abneigungen los und werden solidarisch mit denen, für die wir beten. Wir fühlen uns mit ihnen verbunden und wünschen ihnen, daß sie etwas spüren von der Erlösung durch das Kreuz Christi.

Auf die Fürbitten folgt die Kreuzverehrung. Das verhüllte Kreuz wird feierlich in die Kirche getragen und in drei Schritten immer mehr enthüllt. Dabei singt der Priester: "Seht das Holz des Kreuzes, an dem unser Heil gehangen". Und alle fallen vor dem Kreuz nieder und beten es an. Die

Erlösung will in dieser Gebärde in den Leib hinein. Es soll uns bis in die Knochen fahren, daß wir erlöst sind, daß in diesem Zeichen der Schmach auch unsere Hoffnung begründet ist. Vor diesem Kreuz als Siegeszeichen singt die Kirche den altehrwürdigen Gesang des Trishagion. In griechischer, lateinischer und deutscher Sprache wird Gott als der heilige, starke und unsterbliche Gott besungen, der sich unser erbarmen möge. Und dann kniet jeder einzeln vor dem Kreuz nieder und küßt es als Zeichen der Liebe Gottes zu uns, als Zeichen, daß sich Gott am Kreuz am tiefsten zu uns herabgebeugt und uns die Füße gewaschen hat.

Für C.G. Jung ist das Kreuz Zeichen des Heils, weil es ein sehr wirksames Symbol für unsere Selbstwerdung ist. Das Kreuz ist einmal Symbol für das Opfer des Ich zugunsten des Selbst. Der Mensch muß sein Ich, an dem er sich krampfhaft festhalten will, opfern, er muß sich loslassen, um zu seinem Selbst vorzustoßen. Er muß seine Triebhaftigkeit opfern, um seine libido, seine Lebensenergie auf eine geistige Wirklichkeit hinzuleiten. Das Opfer verlangt nach Jung

eine Hingabe des ganzen Menschen, also nicht nur eine Zähmung seiner animalischen Triebe, sondern einen totalen Verzicht auf dieselben, und darüber hinaus eine Disziplinierung seiner spezifisch menschlichen, geistigen Funktionen auf ein überweltliches geistiges Ziel hin. Dieses Ideal bedeutet eine harte Schulung . . . und hat im Laufe der Jahrhunderte zu einer Bewußtseinsentwicklung geführt, die ohne dieses Training schlechthin unmöglich gewesen wäre. [17]

Das Kreuz ist nach Jung auch Symbol für das Leiden. Jeder Schritt auf dem Weg zur Bewußtwerdung ist nur durch Leiden zu erkaufen. Der Mensch ist voller Gegensätze, er ist nicht eindeutig, er ist nicht nur gut, nicht nur böse, sondern er ist immer beides zugleich. Und er kann diese Gegensätze nicht einfach ausscheiden, weder durch Askese, noch durch Gebet. Er wird zeit seines Lebens auf dem Weg zu seiner Selbstwerdung von den Gegensätzen in sich hin- und hergerissen, er muß sie ausleiden. Jeder, so meint Jung, „der auch nur annähernd seine eigene Ganzheit sein möchte, weiß genau, daß sie eine Kreuztragung bedeutet."[18] Der Mensch möchte gerne vor dem Leiden davonlaufen. Im Westen versuchen viele, das Leiden durch Drogen zu unterdrücken, im Osten will man sich des Leidens entledigen, indem man es abstreift. Jung wehrt sich gegen beide Versuche, dem Leiden auszuweichen. Er fordert: „Das Leiden muß überwunden werden, und überwunden wird es nur, indem man es trägt."[19]

Ziel des Leidens ist die Gottwerdung des Menschen. Im Leiden tritt der Mensch in den göttlichen Bereich ein. Er hat teil an der Gegensätzlichkeit von Gott und Mensch, er

wird erfüllt vom göttlichen Konflikt...Eben gerade im äußersten und bedrohlichsten Konflikt erfährt der Christ die Erlösung zur Göttlichkeit, sofern er daran nicht zerbricht, sondern die Last, ein Gezeichneter zu sein, auf sich nimmt. So und einzig auf diese Weise verwirklicht sich in ihm die imago Dei, die Menschwerdung Gottes."[20]

Als Symbol für die Einheit der Gegensätze ist das Kreuz auch Symbol für die Ganzheit des Menschen und somit für sein Heil. Denn ganz, heil kann der Mensch nur werden, wenn er die Gegensätze in sich annimmt und integriert. Wir verehren in den Riten der Karfreitagsliturgie das Kreuz nicht, weil es ein Archetyp ist, sondern weil es durch den Tod Christi für uns zum Symbol des Heiles geworden ist. Aber in den Riten ist immer auch die archetypische Funktion der Symbole wirksam. Es geschieht etwas an uns, wir werden anders. Jeder von uns wehrt sich dagegen, sich selbst loszulassen. Der Ritus löst in unserm Innern etwas aus, er leitet, wie Jung sagt, die Lebensenergie in die richtige Bahn, so daß wir es auf einmal können, was wir vom Verstand her als notwendigen Schritt unserer Selbstwerdung erkannt haben: daß wir uns loslassen, uns dem Vater überlassen, um von ihm neu geschaffen zu werden.

Auch der **Karsamstag** hat eine wichtige Funktion auf dem Weg unserer Ganzwerdung. Die Liturgie mutet uns zu, uns einen ganzen Tag dem toten Christus im Grab zu stellen. Und sie fordert uns auf, in das eigene Grab zu steigen, in die eigene Tiefe, und darin eins zu werden mit dem Grund unseres Seins, mit den Wurzeln unseres Lebens. Christus ist nicht nur unseren Tod gestorben, sondern er war 3 Tage lang tot. Er konnte nichts mehr tun, nichts mehr fühlen, er war leblos, von jeder Kommunikation abgeschnitten. Im Grab hat Christus den Tod erfahren als radikale Einsamkeit, in die kein Wort der Liebe mehr dringt. Der Karsamstag will uns sagen: in unsere Einsamkeit, in unsere Kälte, in unsere Starre, da ist Christus eingedrungen. Und dort, wo sonst der Tod herrscht, da wohnt nun seine Liebe. Da, wo wir abgeschnitten sind vom Leben, da erreicht er uns mit seinem Wort der Liebe.[21]

Christus ist in das Reich des Todes hinabgestiegen, in den Hades, in die Scheol, wie die Juden sagen. Die Scheol ist das Reich des Schattenhaften. Von der Psychologie her können wir dieses Bild daher so deuten: Christus ist in unseren Schatten hineingestiegen, in unser Unbewußtes, um all das zu erlösen, was in unserem Schatten begraben liegt. Jung spricht vom kollektiven Unbewußten. Dort sind viele positive Kräfte, aber auch zerstörerische und chaotische, die einen verschlingen können. Christus ist nicht nur dem Bösen begegnet, das offen zu Tage tritt, sondern er ist auch in das Böse hineingestiegen, das unter der Oberfläche verborgen ist. Und das ist noch wesentlich chaotischer, zerstörerischer als das, was sich offen als böse zeigt. Wir erschrecken ja selbst oft vor unseren gemeinen und unmenschlichen Gedanken und Wünschen, die in uns aufsteigen, wir erschrecken vor der Destruktivität, zu der wir fähig sind. Auch da hinein ist Christus gestiegen.

So können wir mit ihm zusammen selbst in das eigene Grab, in das eigene Unbewußte steigen, allerdings nur soweit, als wir uns in der Verbindung mit Christus wissen. Sonst überfordern wir uns. Wir sollen daher die Ängste beobachten, die in uns aufsteigen. Wenn die Angst zu groß wird, dürfen wir uns nicht weiter auf das Unbewußte einlassen. Dann sollen wir lieber auf Christus schauen, wir brauchen sein Licht, um unsere Dunkelheit zu erhellen. Wenn wir seinen Lichtstrahl nicht mehr spüren, müssen wir stehenbleiben. Alles andere wäre Überheblichkeit.

Jung kennt nicht bloß ein kollektives, sondern auch ein persönliches Unbewußtes. Dorthinein haben wir vieles verdrängt, was wir vom Leben ausgeschlossen haben. Wir haben viele Wünsche und Bedürfnisse verdrängt und damit viel vom Leben abgeschnitten. Wir haben Fähigkeiten und Möglichkeiten verdrängt, weil wir Angst davor hatten. Wir haben viel Lebenswertes in unseren Schatten hineingestopft und so am Leben gehindert. So schleppen wir viel Totes mit uns herum, vieles, das im Grab liegt und in uns ein Schattendasein führt. Am Karsamstag geht es darum, daß wir mit Christus in den eigenen Schatten steigen, und das, was Gott uns an Möglichkeiten geschenkt hat, aus unserem Schatten wieder aufsteigen und lebendig werden lassen.

Den Tod in unserem Leben spüren wir in vielen Bereichen. Wir spüren ihn an unserem Leib. Teile unseres Leibes sind wie tot. Wir fühlen sie nicht. Wir leben ohne sie. Wir leben nur im Kopf, haben unsere Vitalität abgeschnitten. Oder einzelne Stellen unseres Leibes sind wie tot, wir sind verspannt in unsern Schultern, im Rücken, im Hals, wir sind steif, ohne Leben. Wir schleppen Teile unseres Lebens mit uns, als ob sie nicht zu uns gehörten. Wir sind unser Leib. Wenn ein Teil unseres Leibes tot ist, dann ist immer auch ein Teil unseres Herzens, unseres innersten Wesens abgestorben. Am Karsamstag sollten wir das Leben Christi in alle toten Stellen unseres Leibes lassen.

Christus liegt im Grab. Auch das ist Symbol für unser Leben. Auch wir liegen oft im Grab, im Grab unseres Selbstmitleides, unserer Resignation, unseres Stolzes. Wir bemitleiden uns, daß wir es doch so schwer haben, daß es uns so schlecht gehe, daß wir nicht aus uns herauskönnen und daß wir an uns nichts mehr ändern können. So bleiben wir in unserm Grab liegen. Was uns im Grab festhält, das sind oft unsere übertriebenen Erwartungen ans Leben, unser Perfektionswahn und unsere Angst vor der Niederlage, vor dem Sichblamieren. Weil wir nicht verlieren wollen, treten wir erst gar nicht an zum Kampf. Weil wir uns nicht blamieren wollen, gehen wir erst gar nicht auf andere zu, tun wir den Mund erst gar nicht auf in einer größeren Gruppe. Weil wir Angst haben, unsere Erwartungen würden nicht erfüllt, bleiben wir lieber in unserm Grab liegen. Am Karsamstag sollten wir uns unserer Grabessituation stellen und den Glauben an die Auferstehung in unsere Angst hineinhalten. An die Auferstehung glauben heißt, mitten in und aus unserer Schwäche aufstehen, ohne Angst, daß uns auch beim Aufstehen die Schwäche noch anhaftet und den andern in die Augen fällt.

Am Karsamstag geht es ferner um die Heilung der eigenen Lebensgeschichte, um die Heilung der Erinnerungen. Die Mönche in Ägypten kannten eine Übung, die uns helfen soll, unsere Vergangenheit mit ihren Wunden heilen zu lassen. Wir sollen uns vorstellen, daß wir drei Tage lang im Grabe liegen. Wenn wir uns diese Vorstellung einmal zumuten, was würden wir da in unserm Grab zurücklassen, was würde da von uns abfallen? Welche übertriebenen Ansprüche, die uns das Leben verstellen, welche Ängste, welche Erinnerungen, welche falschen Motivationen? Welche Steinbrocken schleppen wir unnütz mit uns herum, die wir im Grab zurücklassen sollten? Wieviel Totes tragen wir in uns, in unserem Leib, in unseren Gefühlen? Wieviel Verhärtungen liegen uns wie Brocken im Magen? All das sollten wir im Grab lassen. Dann könnten wir unbeschwerter, freier, echter aufstehen. Und wir sollten unsere Wunden zurücklassen. Wir sind oft unfähig zum Leben, unfähig zum Gegenwärtigsein, weil wir die Wunden der Vergangenheit an uns tragen, weil uns diese Wunden zu sehr beschäftigen und uns den Blick für den Augenblick trüben. Solche Wunden brauchen oft lange, bis sie heilen. Wir sollten uns fragen: was sind meine Wunden, die ich mit mir trage, an denen ich weiterleide, die ich nicht zuheilen lasse? Enttäuschungen, Versagen, Blamagen, Scheitern an mir selbst, Kränkungen durch Menschen, Ängste? Was taucht da alles auf, wenn ich in meine Vergangenheit hineinschaue? Wo melden sich Wut und Groll, wo steigen Aggressionen hoch, weil mir auf einmal bewußt wird, wie weh mir das getan hat, daß ich lächerlich gemacht worden bin, daß andere vorgezogen worden sind, daß meine tiefsten Wünsche nach Zärtlichkeit und Liebe, nach Geborgenheit und Verstandenwerden nicht erfüllt worden sind, weil meine Eltern zu sehr mit sich beschäftigt waren? Was hat mich als Kind verletzt, woran denke ich heute noch voller Wut und Ärger? Wir sollten einfach unsere ganze Lebensgeschichte durchgehen nach Erfahrungen, die uns weh getan haben, nach Kränkungen, nach Wunden, die uns Menschen zugefügt haben. Und wir sollten uns fragen, wie wir auf diese Kränkungen reagiert haben? Vielleicht wollten wir sie nicht in ihrem ganzen Schmerz wahrhaben, weil sie zu weh getan haben. Und so haben wir die Zähne zusammengebissen, so haben wir uns an dieser Stelle zugemacht, damit wir den Schmerz nicht so spüren mußten. Aber all diese Stellen sind dabei abgestorben. Sie fehlen uns jetzt, wir schleppen sie mit uns herum als starre und tote Teile, die nicht richtig zu uns gehören.

Es gibt viele Menschen, die die innere Heilung verweigern. Und vielleicht entdecken auch wir, daß wir nicht vorbehaltlos bereit sind, uns von Gott wirklich heilen zu lassen. Wir wollen die Entschuldigungen nicht aus der Hand geben, mit denen wir uns vor einer Verwandlung schützen. Die Weigerung, sich von Christus aus dem Grab herausrufen zu lassen, hängt nach Hans Böhringer mit 4 Schwüren zusammen, mit denen wir schon in der Kindheit auf die Verwundungen unseres Lebens reagiert haben und mit denen wir jede Heilung verhindern.[22]

Der 1. Schwur lautet: Die Schmerzen, die ich als Kind durchlebt und ausgehalten habe, waren so groß, daß mein Bedarf an Schmerzen für alle Zeiten gedeckt ist. Ich will keine weiteren Schmerzen mehr, es kommen mir keine neuen mehr hinzu. Es genügt mir, daß ich als Kind allein gelassen wurde. Ich möchte nicht wieder das Risiko eingehen, allein gelassen zu werden. Daher ziehe ich mich lieber von vorneherein auf mich zurück. Es genügt mir, als Kind ausgelacht und nicht ernst genommen worden zu sein. Jetzt schlage ich so um mich, daß man mich ernstnehmen muß. Der Schwur, daß mir der Vorrat an erlittenen Schmerzen bis zum Lebensende reicht, bedeutet, daß ich an meinem gegenwärtigen Zustand festhalte und mich weigere, mich zu ändern. Denn jede Änderung würde ja neuen Schmerz bedeuten. Ich will aber keine Schmerzen mehr, es soll mir nicht mehr weh tun. So bilde ich einen Panzer um mich, der mich vor neuen Schmerzen beschützt und der mich auch davon abhält, die alten Schmerzen wahrnehmen zu müssen.

Der 2. Schwur folgt daraus: ich verschließe die Augen vor mir selbst, ich will nicht über mich nachdenken. Ich habe Angst, in mir Unangenehmes zu entdecken, deswegen schaue ich lieber nicht in mich hinein. Die Weigerung, über sich nachzudenken, steht zu Beginn jeder inneren Fehlentwicklung.

Der 3. Schwur lautet: ich kann und will mich selbst in Ordnung bringen, ich brauche keinen andern, der mich in Ordnung bringt. Ich brauche auch Gott nicht. Ich kann meine Probleme selber lösen, ich komme allein mit mir zurecht. Warum soll ich andere mit meinen Problemen belasten? Trotz der Erfahrung, daß ich eben doch nicht mit mir allein zurecht komme, halte ich an diesem Schwur fest. Daraus folgt dann der 4. Schwur: ich brauche diese Machtposition, daß ich mit mir ins Reine komme, um meine Mängel zu kompensieren. Ich brauche den Stolz, daß ich es alleine schaffe, um überhaupt leben zu können. Mein ganzes Lebensgebäude würde sonst zusammenbrechen. Davor will ich mich schützen und halte an meinem Schwur fest. Ich will mich von niemandem verunsichern lassen, weder von einem Menschen, noch von Gott.

Der Karsamstag lädt uns ein, daß wir unsere Wunden und Schwüre bloßlegen, daß wir all die Ersatzbefriedigungen aufdecken, die Sicherungen und Selbsttrostmittel, die wir uns als Ausgleich für unsere Kränkungen aufgebaut haben, all die Bitterkeiten und Haßgefühle, die wir bis heute aufrecht erhalten. Wir sollten all das ins Grab legen, es dort liegen lassen, es von Christus heilen lassen, der in der Auferstehung vom Tod als der schmerzlichsten und tiefsten Wunde geheilt wurde und auch uns zu heilen vermag.

4. Ostern

Wer den Karsamstag wirklich aushält, der kann auch Ostern intensiver feiern. Die Feier der Osternacht beginnt nochmals mit Dunkelheit. Man sitzt in der dunklen Kirche und sieht darin einen Spiegel für die eigene Dunkelheit. Und dann wird mitten in der Dunkelheit der Nacht, mitten in der Dunkelheit des Herzens ein Licht entzündet. Die Osterkerze wird feierlich in die dunkle Kirche getragen. Das Licht Christi wird von Kerze zu Kerze gereicht. Und jeder hält dieses Licht in das Dunkel seines Herzens hinein. Wenn wir uns am Karsamstag dem eigenen Dunkel gestellt haben, dann kann das Licht Christi jetzt auch in alle Winkel dringen und alles Finstere in uns ausleuchten, unsere Ängste, unsere Leere, unsere Kälte, unsere toten Bereiche. Wir halten die Osterkerze vor uns hin und hören dabei den Gesang des Exsultet, der das Licht besingt. Wir lassen uns vom Cantor in Bildern voller Kraft und Leben erklären, was dieses Licht bedeutet und was es in uns bewirkt hat und heute nacht bewirken will.

Frohlocket, ihr Chöre der Engel, frohlocket, ihr himmlischen Scharen, lasset die Posaunen erschallen, preiset den Sieger, den erhabenen König! Lobsinge, du Erde, überstrahlt vom Glanz aus der Höhe! Licht des großen Königs umleuchtet dich. Siehe, geschwunden ist allerorten das Dunkel.

Dies ist die selige Nacht, in der Christus die Ketten des Todes zerbrach und aus der Tiefe als Sieger emporstieg. Wahrhaftig, umsonst wären wir geboren, hätte uns nicht der Erlöser gerettet.

O unfaßbare Liebe des Vaters: Um den Knecht zu erlösen, gabst du den Sohn dahin! O wahrhaft heilbringende Sünde des Adam, du wurdest uns zum Segen, da Christi Tod dich vernichtet hat. O glückliche Schuld, welch großen Erlöser hast du gefunden.

Der Glanz dieser heiligen Nacht nimmt den Frevel hinweg, reinigt von Schuld, gibt den Sündern die Unschuld, den Trauernden Freude. Weit vertreibt sie den Haß, sie einigt die Herzen und beugt die Gewalten. O wahrhaft selige Nacht, die Himmel und Erde versöhnt, die Gott und Menschen verbindet!

Und dann hören wir im Lichtschein der Osterkerze die ganze Geschichte unserer Welt und unserer Erlösung. Wir hören die Schöpfungsgeschichte. Gott hat sich in der Auferstehung Christi als Herr der Welt erwiesen, als der, der aus dem Nichts Leben schafft und es auch in uns schaffen kann. Wir hören die Geschichte vom Auszug aus Ägypten, dem Land der Sklaverei, vom Durchzug durch das Rote Meer, in dem die Feinde vernichtet wurden. In den Fluten bleiben die Waffen zurück, die gepanzerten Wagen, mit denen wir uns umgeben, die Waffen, mit denen wir uns verteidigen. Wir brauchen uns nicht mehr zu panzern und zu verteidigen, wir können leben. Doch leben nur, wenn wir wie Abraham den eigenen Sohn zu opfern bereit sind. Sich selbst findet nur, wer sich verliert, wer sich Gott opfert. Dann bekommt er sich selbst verwandelt zurück.

Und dann darf nach 40 Tagen zum ersten Mal wieder das Alleluja erklingen. Man muß das Alleluja singen, um zu ahnen, was Ostern meint. Im Singen lassen wir die Auferstehung in den Leib hinein. Im Singen bricht sich der Auferstandene durch den Stein hindurch, der vor unserm Herzen liegt und uns blockiert. Während wir singen, können wir das Leben in uns spüren und die Liebe. Denn die Liebe will und muß singen. Der Verstand kann nur reden. Im Singen wächst die Liebe in uns, und da entsteht vor unseren Augen ein Bild dessen, den wir besingen, ein Bild des Geliebten. Wir spüren, der Auferstandene ist wirklich unter uns, ja er ist in uns. Jetzt geschieht Auferstehung an uns. Während wir singen, spüren wir: Der Stein ist weggewälzt, er blockiert mich nicht mehr. Das Grab ist offen. Christus ist auferstanden, er steht mit mir auf, er geht mit mir aus meinem Grab. Ich kann nun meine eigenen Schwellen überspringen, ich kann heraus aus mir, ich spüre Leben in mir. Es blüht etwas auf in mir. Und ich muß einfach singen, um diesem Leben in mir Raum zu geben.

Es ist ein neues Lied, das wir singen, das Alleluja, das in der Fastenzeit verstummt war. Augustinus hat in seinen Predigten immer wieder vom österlichen Singen als Ausdruck des neuen Lebens gesprochen:

Wir hörten die Mahnung, dem Herrn ein neues Lied zu singen. Der neue Mensch kennt das neue Lied. Das Lied ist eine Äußerung der Freude, und wenn wir es recht bedenken, eine Äußerung der Liebe. Wer also das neue Leben zu lieben weiß, der weiß auch das neue Lied zu singen. . . Singt mit der Stimme, singt mit dem Herzen, singt mit dem Mund und singt mit dem Leben . . . Seid, was ihr singt! (I,3,84)

Ostern ist die Feier des Lebens. Wir feiern die Überwindung des Todes durch das Leben. Christus hat den Tod besiegt. Aber das heißt nun auch: in uns ist das Leben stärker als der Tod. Es ist nicht mehr tot zu kriegen. In der Eucharistie essen und trinken wir uns in das neue Leben der Auferstehung hinein. In uns ist nun das Leben, das alle Fesseln sprengt. Dieses Leben muß auch Ausdruck finden. Eine Möglichkeit wäre, es auszutanzen. Im Mittelalter veranstaltete man an Ostern Ball- und Tanzspiele, entweder im Kreuzgang oder auch in der Mitte des Kirchenschiffes.[23] Bei unsern Osterkursen feiern die Jugendlichen nach der Osternacht noch weiter. Dabei drängt es sie immer wieder, die Osterfreude in den Leib zu lassen und sie im Tanzen auszudrücken. Sie führen Reigentänze auf, sie tanzen miteinander um das Osterfeuer. Tanzen kann man nicht allein. Doch Ostern kann man eben auch nicht alleine feiern. Das kann man nur miteinander. Und so wäre es gut, wenn auch eine Pfarrgemeinde nach der Osternacht noch miteinander feiert, ein Ostermahl miteinander hält oder ein Osterfeuer entzündet und um es herumtanzt. Das Leben des Auferstandenen, das alle Grenzen überspringt, sollte an Ostern auch die Barrieren zwischen uns überspringen und uns miteinander im gemeinsamen Feiern verbinden.

Eine andere Möglichkeit, Ostern in einem eigenen Ritual fortzusetzen, wäre der Emmausgang, der in manchen Gegenden am Ostermontag noch üblich ist. Man geht miteinander zu einer abgelegenen Kapelle oder zu einem Wallfahrtsort und hält zum Abschluß miteinander Mahl. Es ist ein Ritual, das die Emmausgeschichte in das Leben hinein übersetzt. Im Miteinandergehen kann man erfahren, daß der Auferstandene mit uns geht und uns unser bisheriges Leben deutet als

Weg in die Herrlichkeit. Und im gemeinsamen Mahl bezeugt man, daß jedes Mahl uns mit dem Auferstandenen verbindet. Der Gang durch die Natur zeigt uns Ostern nicht nur in unserem Herzen, sondern auch um uns herum in der neublühenden Schöpfung. Es hat eine tiefe Bedeutung, daß Ostern am ersten Sonntag nach dem Frühlingsvollmond gefeiert wird. Für die Alten ist die Natur Sinnbild für das Wirken Gottes an uns. Das Erwachen des Lebens im Frühling zeigt uns, daß in Christus das Leben den Tod überwunden hat. Der Blick in die Natur hilft uns, an das Leben des Auferstandenen zu glauben. Mit allen Sinnen erahnen wir, daß das Leben nun wirklich über den Tod gesiegt hat. Diese enge Verbindung von Ostern und Frühling begegnet uns immer wieder in den Schriften der Kirchenväter. In einer Osterpredigt sagt Cäsarius von Arles:

Dies ist der Tag, den er Herr gemacht hat, wie ihr gehört habt. Der Tag ist festlicher und froher als alle. An ihm ist der Herr erstanden, an ihm hat er die Leiber der Heiligen erweckt, an ihm hat er sich, wie ihr seht, durch den Geist der Wiedergeburt ein neues Volk erworben; an ihm hat er das Herz eines jeden mit Freude und Jubel erfüllt; an ihm hat er das Angesicht der Erde mit der Lieblichkeit des Frühlings und mit der Vielfalt farbenprächtiger Blüten geschmückt. Dieser Tag der Auferstehung verkündet im voraus die ewige Auferstehung. (II,3,51)

Das Leben, das im Frühling neu aufbricht, wird im Herbst wieder sterben. Aber in diesem Neuaufbrechen steckt eine Verheißung eines Lebens, das nicht sterben wird, die Verheißung eines ewigen Frühlings, eines ewigen Ostern.

5. Christi Himmelfahrt

50 Tage lang feiert die Kirche Ostern, damit das Leben immer mehr von uns Besitz ergreift. Die

Osterzeit gipfelt in zwei Festen, in Christi Himmelfahrt und Pfingsten. Christi Himmelfahrt gibt uns das Ziel unseres Lebens an. Jesus ist mit seinem menschlichen Leib in den Himmel aufgefahren und ist nun bei Gott, er sitzt zu seiner Rechten. Damit ist ein Teil von uns schon bei Gott, ein Stück ist schon am Ziel angekommen, ist schon jenseits der Schwelle des Todes. Augustinus beschreibt das Festgeheimnis von Christi Himmelfahrt so:

Heute ist unser Herr Jesus Christus in den Himmel aufgestiegen. Mit ihm steige auch unser Herz empor. Laßt uns den Apostel hören, der sagt: Ihr seid mit Christus auferweckt; darum strebt nach dem, was im Himmel ist, wo Christus zur Rechten Gottes sitzt. Richtet euren Sinn auf das Himmlische und nicht auf das Irdische. Er ist aufgestiegen, aber nicht von uns gegangen. So sind auch wir mit ihm schon dort, wenn unser Leib auch noch nicht erfahren hat, was uns verheißen ist . . . Obwohl er dort ist, ist er bei uns, und obwohl wir auch hier sind, sind wir auch bei ihm. (I,3,180f)

Das Fest Christi Himmelfahrt will unsern Blick auf unser Ziel richten, auf den Himmel. Wir sollen nicht aufgehen in den irdischen Geschäften, sondern aufschauen zu Christus, der schon beim Vater ist. Was auf den ersten Blick wie ein moralischer Appell aussieht, ist in Wirklichkeit eine befreiende Botschaft. Denn wer vom Himmel als von seiner Heimat her leben kann, für den relativieren sich viele Dinge seines Lebens, für den haben Erfolg und Besitz und Gesundheit nicht mehr den höchsten Stellenwert, er kann allem gelassener und ohne Angst gegenübertreten. Wenn er im Herzen schon am Ziel ist, dann ist der Weg nicht mehr so beschwerlich, dann hat er einen inneren Abstand zu dem, was ihm auf dem Weg begegnet. Er klammert sich nicht daran fest. Er ist in seinem Herzen schon woanders. Jung meint, daß der Blick auf Christus, der die Schwelle des Todes bereits überschritten hat, dem Menschen gut tut und ihn psychisch gesund hält. Nun kann er im Tod ein positives Ziel sehen. Das hält ihn lebendig. Denn „von der Lebensmitte an bleibt nur der lebendig, der mit dem Leben sterben will."[24] Für Jung ist die Religion eine Schule, die uns auf die 2. Lebenshälfte hin erzieht. Christi Himmelfahrt ist innerhalb dieser Lebensschule das Fest, das uns über die Selbstbehauptung in der Welt hinausführt in einen Bereich, wo wir erst wahrhaft zum Menschen werden.

Christi Himmelfahrt will unsere Beziehung zu Jesus Christus auf eine geistige Ebene heben. Der historische Jesus ist zum Vater emporgestiegen. Er ist jetzt nicht mehr als Mensch mit Fleisch und Blut unter uns, sondern als der verherrlichte Christus, als Christus im Geiste. So deutet Leo der Große das Festgeheimnnis:

Damals wurde der Glaube der Gläubigen vertieft und begann, mit geistigen Schritten zu ihm, dem Sohn, der dem Vater gleich ist, hinzutreten und die Berührung der körperlichen Natur nicht zu vermissen. Als daher Maria aus Magdala, welche die Person der Kirche darstellt, nach der Auferstehung des Herrn zur Berührung seines Leibes herbeieilt, sagt er zu ihr: „Berühre mich nicht, denn noch bin ich nicht zu meinem Vater hinaufgegangen." Damit will er sagen: Ich will nicht, daß du mich mit leiblichen Sinnen erkennst; ich verweise dich auf Höheres, ich bereite dir Größeres. Wenn ich zu meinem Vater aufgestiegen bin, wirst du mich vollkommener und wahrer betasten; dann wirst du wahrnehmen, was du nicht berührst, und glauben, was du nicht siehst. (II,3,184f)

Wir berühren nicht mehr den historischen Jesus, sondern den Christus im Geist. Aber ihn berühren wir wirklich, er ist in uns. Ja er ist uns sogar nähergekommen als damals. Denn damals stand er neben und zwischen den Menschen. Aber jetzt

ist er in uns. Solange ein Mensch neben uns lebt,
sind wir fixiert auf das, was wir sehen. Aber sein
eigentliches Geheimnis übersehen wir oft. Christus mußte zum Vater gehen, damit wir nicht an
seiner historischen Gestalt hängen bleiben.
Wenn er geht, können wir alles verinnerlichen,
was er gelebt hat. Christus kann nun in uns Gestalt annehmen. So ginge es am Fest Christi Himmelfahrt darum, daß wir Christus nicht oben im
Himmel suchen, sondern in uns. Er ist nun in unserem Herzen, in unserem Kern, dort, wo wir
ganz bei uns sind. Er ist nun unser Selbst geworden, wie Jung es ausdrücken würde. Oder, um
mit Augustinus zu sprechen, er ist uns näher, als
wir uns selbst sind.

Wir könnten das Festgeheimnis von Christi
Himmelfahrt in verschiedenen Übungen noch
tiefer in uns hineinlassen. Denn sonst geht es all-
zuschnell an uns vorüber. Eine Übung wäre, bewußt mit dem Wort zu gehen: unsere Heimat ist
im Himmel. Dann spüren wir, wie wir mit jedem
Schritt letztlich auf Gott zugehen. Und im Gehen können wir etwas vom Ziel erahnen, von der
Heimat, in der ein Teil von uns ja schon angekommen ist. Wenn wir uns auf den Weg machen,
einen lieben Menschen zu besuchen, so hält uns
die Vorfreude in Spannung und läßt uns die Stra-
pazen gar nicht beachten. So täte es uns gut, bewußt vom Ziel her unsern Weg zu gehen. Die andere Übung bezieht sich auf das neue Verhältnis
zu Christus, der in mir ist. Ich sitze still da und
sage mir immer wieder vor: „Christus in mir“.
Das Einatmen verbinde ich mit dem Wort „Christus“, das Ausatmen mit dem Wort „in mir“.
Christus durchdringt meinen Leib. Er ist in mir.
Ich bin durch seine Himmelfahrt in eine neue Beziehung zu ihm getreten.

6. Pfingsten

Zwischen Christi Himmelfahrt und Pfingsten betet die Kirche in einer Novene um das Kommen des Hl. Geistes. Sie erhofft vom Hl. Geist, daß er rein wäscht, was befleckt ist, heilt, was verwundet ist, wärmt, was erkaltet ist, löst, was in sich erstarrt ist, und lenkt, was den Weg verfehlt. Sie nennt den Geist einen Tröster in Verlassenheit, einen Vater der Armen, Licht der Herzen, einen willkommenen Gast der Seele, Labsal und Erquickung für den Menschen. Und sie glaubt, daß ohne das Wirken des Gottesgeistes im Menschen nichts bestehen und nichts heil und gesund sein kann. In immer neuen Bildern wird der Hl. Geist in der Pfingstsequenz und im Pfingsthymnus geschildert. Nur Bilder sind fähig, den sonst so abstrakten Geist anschaulich zu machen. Dogmatische Aussagen erreichen uns kaum. Und viele können heute mit Pfingsten nicht viel anfangen, weil ihnen der Hl. Geist so unfaßbar erscheint. Vielleicht können uns die Bilder der Liturgie wieder einen neuen Zugang ermöglichen.

Ein Bild, mit dem schon die Heilige Schrift das Geheimnis des Hl. Geistes zu erklären sucht, ist das des Windes:

Eines der geheimnisvollsten Wesen in der Schöpfung ist der Wind — dieser Unsichtbare, Ungreifbare, launisch Unberechenbare — wild wie ein Krieger, übermütig wie ein Knabe und zart wie ein Liebender — bald Sturm, bald linder Hauch. Er heult im Gebirge, peitscht das Meer, entwurzelt Bäume, biegt das Geschmeidige, bricht das Starre.

Ja, geheimnisvoll ist der Wind. Ein Gegenwärtiger, den man nicht sieht, der nur erkennbar ist an Stimme und Wirkung: an seinem Sausen, Brausen, Brüllen, Tosen, Singen und Säuseln, am wehenden Hauch, der uns Stirn und Wangen kühlt, am Zittern der Zweige und Blätter, am Staub, den er wirbelt, an den Wolken, die er jagt. Er selbst aber bleibt dem Auge verborgen, obwohl wir ihn fühlen: „ein Sichregen und Strömen der Luft, das antreibt und bewegt, was es kann" (Augustinus).

Vielfältig teilt sich die Lebensmacht des Windes der Schöpfung mit. Daß am strömenden und wehenden Element unser irdisches Leben hängt, erfahren wir Menschen vom ersten Atemzuge an, lange bevor unsere Vernunft es weiß. Luft und Wind sind unser unentbehrliches Lebenselement, in dem wir atmen und uns bewegen, dessen auch unsere Sinne und unser Geist nicht entraten können. Denn Wind und Luft tragen uns die Wellen des Lichtes, des Klanges und des Duftes zu; wir bedürfen ihrer, um das Wort zu sprechen, um zu hören und zu verstehen. Die Luft ist wirklich unser „Lebenshauch".

In der Sprache der Offenbarung aber gibt sich der allmächtige Gottesgeist unter dem Namen „Wind" oder „Hauch" zu erkennen — das ist ja die Grundbedeutung von ruah, pneuma und spiritus. Schon Wind und Sturm in der Natur werden vom Alten Testament als Odem Jahwes bezeichnet, noch entschiedener aber der im Menschen atmende Hauch. Aller Wind und Odem, der die Welt durchweht, kommt von Jahwe, der Windhauch in den Weiten der Schöpfung ist der Sturmwind, schnaubender Hauch seiner Nase, der als Wirbelwind die Fluten des Meeres peitscht und als sengender Glutwind die Ernten vernichtet. Aber Luft und Wind sind auch Lebensodem Jahwes, wohltuender Hauch seines Mundes, der alles belebt und beseelt, in dessen Rhythmus die ganze Schöpfung schwingt.

Nicht von ungefähr also offenbart sich an Pfingsten der Heilige Geist den Jüngern als brausender Sturmwind — er, der schon im ersten Anfang als lebenszeugender Windhauch, als machtvoller Atem Gottes über der jungen Schöpfung schwebte, er, um den wir bitten, wenn wir singen: „Sende aus deinen Geist, hauche deinen Atem — und das Antlitz der Erde wird neu" (Ps 104,30).[25]

Um an Pfingsten etwas vom Hl. Geist in sich zu spüren, könnte es hilfreich sein, sich einfach einmal in den Wind zu stellen, die Augen zu schließen und mit allen Sinnen den Wind wahrzunehmen, wie er zärtlich über die Wangen streicht, wie er einen kräftig durchweht, wie er einen in Bewegung bringt. Wer den Wind als Symbol für den Gottesgeist versteht, der kann unmittelbar im Wehen des Windes Gottes Geist spüren. Es ist nicht bloß Einbildung, sondern Realität. Der Geist Gottes ist ja im Wind, er ist in diesem Augenblick, da der Wind mich durchweht, in mir, er reinigt und belebt mich, er streichelt und liebkost mich. Im Wind spüre ich das Leben der Natur, aber zugleich erfahre ich in ihm auch das Leben des Hl. Geistes, ja den Hl. Geist selbst.

Ein anderes Bild für den Hl. Geist ist das Feuer, die Glut. Der Geist läßt sich in Feuerzungen auf die Jünger nieder. Feuer ist Symbol für die Lebendigkeit. Wenn wir von einem Menschen sagen, in ihm brenne ein Feuer, so meinen wir, er sei lebendig, voller Kraft, aus seinen Augen funkelt es, da geht etwas von ihm aus: Leben, Liebe, Freude. Pfingsten ist das Fest unserer eigenen Lebendigkeit. Wir sehnen uns danach, wirklich lebendig zu sein, wirklich lieben zu können. Oft genug fühlen wir uns ausgebrannt, leer, langweilig, ohne Gefühle, ohne Schwung. Und wir fühlen, daß wir in uns nicht genügend Kraft haben, die uns antreibt. Wenn wir diese Erfahrung zulassen, spüren wir auch in uns eine Sehnsucht nach einer Lebensquelle, die nicht versiegt, nach einer Kraft, die nicht erlahmt, und nach einer Glut, die nicht ausgeht. Wir ahnen darin schon , daß es doch so etwas wie den Hl. Geist geben müsse, einen Geist, der von Gott kommt und doch in uns ist, der teilhat an der Fülle des Lebens und uns davon mitteilt. Wir ahnen, daß es doch neben dem Ungeist, den wir in uns oft genug wahrnehmen, auch einen heiligen Geist geben müsse, einen reinen und lauteren Geist, daß es neben dem ränkevollen Herzen in uns, vor dem wir uns selbst ängstigen, doch auch ein neues Herz geben müsse, das sich vom Geist Gottes leiten läßt.

H. Nouwen spricht von der inneren Glut der religiösen Erfahrung. Und sie ist für ihn das Leben des Hl. Geistes. Wir haben die Aufgabe, diese Glut in uns zu behüten:

Besonders diejenigen, welche von der Gegenwart des Gottesgeistes in der Welt Zeugnis geben möchten, müssen das in ihnen brennende Feuer sorgsam hüten. Es ist gar nicht so verwunderlich, daß viele Priester wie ausgebrannte Kanister geworden sind, Menschen, die viele Worte machen und viele Erfahrungen mitteilen, in denen aber das Feuer des Geistes Gottes erloschen ist und aus denen nicht viel mehr herauskommt als ihre eigenen belanglosen, kleinlichen Gedanken und Gefühle.[26]

Nouwen meint, daß wir die Glut des Hl. Geistes gerade durch das Schweigen in uns lebendig erhalten sollten. Wir könnten etwas von dieser Glut in uns spüren, wenn wir uns schweigend hinsetzen und auf unsern Atem achten. Der Atem ist ja auch Symbol für den Hl. Geist. Der Atem kommt und geht. Er kommt von außen und dringt ganz in uns ein. In unserem Atem spüren wir das Leben in uns. Wenn wir uns ganz auf unsern Atem und darin auf den Hl. Geist einlassen, dann ahnen wir etwas von der Glut, die der Gottesgeist in uns entfacht. Und wir nehmen uns anders wahr. Wir erleben uns als lebendig, durchgeistet, begeistert, als durchtränkt vom Hl. Geist. Wir spüren in uns „ein Feuer, das von innen brennt".

An Pfingsten bekamen die Apostel Mut, aus sich herauszugehen, auf die Menschen zuzugehen und zu ihnen zu sprechen. Auf einmal hatten sie eine Sprache, die verstanden wurde. Der Hl. Geist ist auch ein Geist der Sendung. Wir sind nicht bloß für uns da, für unsere eigene Selbstverwirklichung, sondern wir haben den Auftrag, Gottes Botschaft zu verkünden. Wir haben den Auftrag, Leben weiter zu geben, Leben zu wekken. Der Geist will uns Mut machen, aus uns herauszugehen, auf einander zuzugehen. Er gibt uns das Vertrauen, daß wir eine Sprache finden, die uns miteinander verbindet, eine Sprache, die der andere versteht, weil er die gleichen Sehnsüchte und Ahnungen hat wie wir. Der Hl. Geist ist nicht ein Geist der Besserwisserei, der den andern belehren will. Wir dürfen uns mit dem Geist Gottes nicht identifizieren, so als ob wir nun allen sagen könnten, wie sie leben sollten. Wir sind immer auch in Gefahr, uns als Apostel und Propheten zu fühlen, bevor wir welche sind. Für Jung ist das die Gefahr der Inflation. Wir blähen uns auf mit dem Hl. Geist. Doch das ist nicht der Sinn von Pfingsten. Wir sollen uns nicht aufblähen, sondern durchwehen lassen, wir sollen uns vom Geist Gottes mit den andern verbinden lassen. Wir sollen uns heraustreiben lassen aus unserem Schneckenhaus und auf die andern zugehen, nicht weil wir alles besser wissen, sondern weil wir das Leben geschmeckt haben, weil wir den Geruch des Geistes in der Nase haben und nun dieses Leben auch in den andern entdecken und wachrütteln möchten. Es wäre eine gute Fortsetzung der liturgischen Feier, wenn wir an Pfingsten einmal ganz bewußt auf einen Menschen zugehen, von dem uns Barrieren trennen, in dem Vertrauen, daß der Geist diese Barrieren schon überwunden hat, daß uns der gleiche Geist schon im Innersten eint. Dann würde sich konkret verwirklichen, was damals geschehen ist, daß Menschen der verschiedensten Herkunft und Art miteinander ins Gespräch kommen, die babylonische Sprachverwirrung aufgehoben wird und Gemeinschaft entsteht, Kirche Jesu Christi.

III. Die Zeit nach Pfingsten

Nach Pfingsten werden die Sonntage im Jahreskreis fortgesetzt, die zwischen Weihnachtszeit und Fastenzeit begonnen wurden. Die Sonntage im Jahreskreis entfalten in ihren Lesungen den Reichtum der Hl. Schrift. Im Licht der Bibel sollen wir uns selbst neu sehen und verstehen lernen. Da werden uns in den Evangelien Heilungsgeschichten erzählt. Indem wir sie hören, entdecken wir unsere Krankheiten, die Beeinträchtigungen unseres Lebens: wir sind oft gelähmt, können nicht aus uns heraus, fühlen uns blockiert. Wir sind die Blinden, die keinen Blick für den andern haben, die den eigenen Weg nicht kennen. Wir sind taub und stumm, wir haben kein Ohr, die Not des andern zu hören, kein Wort, das uns mit dem andern verbindet, das Leben in ihm weckt. Wir sind aussätzig, wir können uns selbst nicht leiden mit unsern Schwächen und schließen uns von der menschlichen Gemeinschaft aus. Wir finden uns in den Kranken wieder. Aber wir dürfen Jesus auch zutrauen, daß er uns heilt. In der Eucharistie begegnen wir wie die Kranken damals Jesus. In der Kommunion kommen wir in körperlichen Kontakt zu ihm. Wenn wir das gleiche Vertrauen haben wie die Kranken damals, dann können auch wir in dieser Begegnung gesund werden.

Wir hören in den Evangelien die Gleichnisse Jesu. Die Gleichnisse vom Himmelreich wollen uns Wege zeigen, wie wir zu uns selbst kommen, wie wir das eigentliche Leben, den Schatz im Acker, die kostbare Perle finden können, wie unser Leben intensiver und reicher werden könnte. In die gleiche Richtung zielen auch die Weisungen und Forderungen Jesu, die uns oft als Überforderungen erscheinen. Aber auch sie wollen uns nur die Möglichkeiten aufzeigen, wie frei und wie menschlich wir leben könnten, wenn wir von unserem eigenen Ego ließen, wenn wir uns nicht krampfhaft an uns festhalten müßten, sondern uns einlassen würden auf Christus. Die Bergpredigt schildert uns den neuen Menschen, der in Gott seinen Grund gefunden hat und daher frei ist vom Zwang zur Selbstbehauptung. Die Gleichnisse und Forderungen Jesu träumen unsere eigenen Träume von einem erfüllten Leben weiter und zeigen uns, daß unsere Träume keine Schäume sind. Was wir im Evangelium hören, danach sehnen wir uns ja alle unbewußt. So entfalten die Evangelien und Sonntage im Jahreskreis die verschiedensten Aspekte unserer Seele und führen uns unsere eigenen Möglichkeiten vor Augen. Wir hören die Evangelien nicht nur wie eine Geschichte, in deren Licht wir uns selbst neu sehen können, sondern wir hören sie innerhalb einer Eucharistiefeier, innerhalb eines Ritus, den wir begehen. Wir vollziehen das, was wir hören. Es wird kultische Gegenwart. Das Wort der Evangelien deutet das, was wir in der Eucharistie feiern. Und im Ritus nehmen wir mit unserm ganzen Sein teil an dem, was wir im Evangelium gehört haben.

In die Zeit nach Pfingsten fallen viele Feste. Sie sind meist erst im Mittelalter oder in der Neuzeit entstanden. Gegenüber den klassischen Herrenfesten, in denen jeweils ein Mysterium aus dem Leben Jesu gefeiert wird, nennt man sie Ideenfeste. An ihrem Ursprung steht jeweils eine theologische Idee. Manche möchten diese Ideenfeste am liebsten wieder abschaffen, weil sie zeitbedingt sind. Aber die Tatsache, daß sich diese Feste solange gehalten haben, zeigt, daß zumindest viele Menschen davon leben konnten. Denn ein Fest hält sich nur, wenn sich die Menschen darin wiederfinden und davon leben können. So wollen wir auch in diesen Festen fragen, wie weit sie Aspekte unserer Psyche darstellen, wie weit wir uns in ihrem Licht besser verstehen und uns ein wenig erlöster fühlen können.

1. Dreifaltigkeitsfest

Am Sonntag nach Pfingsten feiert die Kirche das Fest der hl. Dreifaltigkeit. Für viele ist das eine theologische Spekulation, mit der sie persönlich nicht viel anfangen können. Aber es geht bei diesem Fest um die Feier unserer Gemeinschaft mit Gott. Das Geheimnis der Dreifaltigkeit will uns sagen, daß Gott in sich schon Gemeinschaft ist, daß in Gott ein Beziehungsgeschehen ist, ein Austausch der Liebe, und daß wir Menschen in diesen innergöttlichen Liebesaustausch hineingenommen sind. Der Geist, den wir in uns spüren, ist nicht nur Gabe Gottes an uns, sondern Gott selbst. Es ist der gleiche Geist, der den Vater und den Sohn miteinander verbindet. Und der Sohn, der in uns ist, ist der Sohn des Vaters, durch ihn haben wir eine neue Beziehung zum Vater. Der dreifaltige Gott ist in sich schon Gemeinschaft, aber er hat diese Gemeinschaft gesprengt und uns in sie hineingezogen. So feiern wir am Dreifaltigkeitsfest das Geheimnis unserer Gemeinschaft mit Gott. Athanasius schreibt von diesem Geheimnis, das zugleich Gottes und unser Geheimnis ist:

Alles, was dem Vater gehört, gehört auch dem Sohn. Deshalb sind die Gaben, die dem Sohn im Geist gegeben werden, wahre Gnadengaben des Vaters. Und wenn der Geist in uns ist, so ist auch das Wort, von dem wir ihn empfangen, in uns, und im Wort ist auch der Vater. Und so erfüllt sich in uns das Wort: wir werden kommen, − ich und der Vater − und bei ihm wohnen. Wo nämlich das Licht ist, da ist auch sein Glanz;

Wo der Glanz ist, da ist auch sein Wirken und seine strahlende Gnade. (II,5,240)

In uns ist also der dreifaltige Gott, Vater, Sohn und Geist. Das Beziehungsgeschehen in Gott setzt sich in uns fort. Wenn wir daher das Fest der Dreifaltigkeit feiern, dann schauen wir nicht nur in die Tiefen des Geheimnisses Gottes, sondern auch in die Tiefen der eigenen Seele, die durch den Geist in Gott hineingetaucht worden ist. Wer wir im letzten sind, erkennen wir nicht, wenn wir nur in uns hineinschauen, sondern wenn wir im Spiegel Gottes unser Herz betrachten. Erst im Spiegel des dreifaltigen Gottes entdecken wir in unserer Seele Gottes Licht und Glanz und seine strahlende Gnade, dann sehen wir in diesem Spiegel in uns den Vater, den Sohn und den Heiligen Geist. Das Geheimnis der Dreifaltigkeit wird so zum Geheimnis auch der menschlichen Seele.

2. Fronleichnam

An Fronleichnam feiert die Kirche die Einsetzung der Eucharistie beim Abendmahl. An diesem Fest wird das, was die Kirche das ganze Jahr hindurch begeht, zum eigentlichen Inhalt der Feier: die Eucharistie als Verwandlung von Brot und Wein in Fleisch und Blut Christi, als Verwandlung der Materie in Gott hinein. In einer feierlichen Prozession tragen wir das in den Leib Christi verwandelte Brot duch die Straßen. Und wenn die Monstranz durch unsere Welt getragen wird, durch die Welt, in der wir arbeiten und leben, dann wird diese Welt anders. Dann zeigt das verwandelte Brot, daß alle Welt verwandelt wird, daß Gott überall wohnen kann und wohnen will, daß alles zum Symbol werden kann für ihn. Unsere Welt bleibt nicht die gottlose und gottferne, die weltliche Welt, sondern sie wird verwandelt.

Alles zeugt von Gott, das Brot, der Wein, das Licht, der Weg, die Blume, der Baum, der Fels. Alles ist durch die Menschwerdung Gottes zu einer Metapher des Heils geworden:

Welch ein Ereignis, daß das Lamm den Heiland darstellen darf und der Hirte den Erlöser. Das Vergängliche darf das Gleichnis des Unvergänglichen sein. Welch ein Ereignis. Sieht man ein, daß die Erde ein anderes Gesicht hat, je nachdem ob man dies glaubt oder nicht? Welche Würde, welche Rettbarkeit kommt damit in die Welt.

Wenn Ernte einmal für Erfüllung dastand und Heilung einmal für Heil, wenn die Dinge dieser Welt es denn wirklich aushielten, die Metaphern des Heils zu ertragen und nicht zu zerspringen dabei —: so kann das nicht ohne Folge, so kann das nicht bedeutungslos sein. Durchs Gleichnis muß eine sakramentale Erhöhung auf die gerufenen Dingen ausgehen, auf Weinstock und Rebe, Brot und reifende Felder, Ernte und Hochzeit: eine Verwandlung, die in der Verwandlung von Brot und Wein wohl ihren höchsten, aber nicht einsamen Ausdruck besitzt.[27]

Wenn wir die Hostie in der Monstranz durch die Welt tragen, dann fällt von ihr her ein Glanz auf die ganze Schöpfung. Wir können ahnen, daß Gott durch seine Menschwerdung die ganze Schöpfung berührt und durch seine Berührung verwandelt hat.

Im Grunde der Schöpfung ist der Logos anwesend. In der Menschwerdung hat er sich mit der Schöpfung untrennbar verbunden. Dieses Geheimnis der Menschwerdung feiern wir an Fronleichnam. Alles um uns herum wird anders, es wird durchsichtig auf den Logos hin. Überall entdecken wir auf dem Grund der Dinge Gott. Das Brot ist Frucht der Erde und der menschlichen Arbeit. Im Brot ist die ganze Welt verwandelt worden, die Natur und die menschliche Arbeit. Alles wurde zur Materie für den Leib Christi. In der Fronleichnamsprozession halten wir das verwandelte Brot überall hin, um zu bekennen, auch dorthin ist Gott durch die Menschwerdung gekommen, auch das ist geheiligt, diese Straße, die Menschen, die dort wohnen, unser Alltag mit seiner Arbeit und seinen Mühen. Überall dringt das Heil Christi hin. Und alles wird durchsichtig auf Gott hin. Und somit kann in allen Dingen Gott gefunden werden.

3. Herz-Jesu-Fest

Das Herz-Jesu-Fest zeigt uns die Liebe Gottes als eine menschliche Liebe. Gott hat ein menschliches Herz. Damit wird seine Liebe für uns verstehbar. Aber das Herz Jesu wird von der Lanze durchbohrt. In Christus ist Gott für uns verwundbar geworden. Christus hat an uns gelitten, er hat sich von den Menschen verwunden, ja durchbohren lassen. Aber gerade so ist er zum Heiland, zum Arzt für unsere Wunden geworden. Die Griechen kannten als Axiom: Nur der Verwundete kann heilen. Dieses Axiom ist in Christus erfüllt. Er ist der verwundete Arzt, der uns wirklich zu heilen vermag. Der Hebräerbrief sagt von ihm:

Wir haben ja nicht einen Hohenpriester, der nicht mitfühlen könnte mit unserer Schwäche, sondern einen, der in allem versucht worden ist, aber nicht gesündigt hat. (Hebr. 4,15)

Am Kreuz wurde Christus von unserer Sünde verwundet und hat sie so ausgeheilt. Sein durchbohrtes Herz ist für alle offen, für alle betretbar geworden. Alle können darin Heilung erfahren, weil es ein liebendes Herz ist, weil diese Liebe ausfließt, ohne zu zerfließen, weil sie aus der unerschöpflichen Quelle Gottes strömt. Ein mittelalterlicher Theologe sagt von diesem Herzen: cor patens, quia patiens. Das Herz steht offen, weil es leidet. Das Sichöffnen der Liebe ist immer auch mit Schmerz verbunden. Es gibt keine Liebe ohne Schmerz. Sobald ich einen andern liebe, mache ich mich verwundbar.

Das Herz Jesu zeigt uns den wahren Menschen, einen liebenden Menschen, einen Herzmenschen, nicht einen Prometheus, nicht einen homo faber, einen Macher, der sich von nichts berühren läßt. Wir ahnen zwar im Innersten, daß nur ein Liebender das wahre Bild des Menschen darstellen kann. Aber wir wehren uns auch dagegen. Wir wehren uns gegen den Schmerz. Wir schützen uns lieber mit einem Panzer, der uns unverwundbar macht. Wir lassen den andern lieber nicht an uns heran. Wir verstecken uns hinter unserer kühlen Fassade, um ungerührt unsern eigenen Weg gehen zu können. Wir ahnen zwar, daß ein Leben ohne Liebe in die Leere und Starre führt, aber wir haben Angst, unsern Panzer aufzubrechen. Das Herz-Jesu-Fest will uns Mut machen, unsern Panzer abzulegen. Auch wir würden zu einem Arzt für andere werden, wenn wir uns verwunden ließen. In dem Roman „Das Ende einer Affäre" läßt Graham Greene Sarah am Ende ihrer Ehebrüche auf dem Krankenlager das Kreuz Christi betrachtend sagen: „Wenn ich so leiden könnte wie Du, dann würde ich auch so heilen können wie Du!" Unsere Liebe würde den andern nicht mehr vereinnahmen oder verletzen, sie könnte ihn heilen, wenn wir bereit wären, auch zu leiden. So zeigt uns das Herz Jesu den Weg zu einer heilenden Liebe und zu einem liebenden Herzen.

Was wir am Herz-Jesu-Fest feiern, könnten wir für uns in einer Gebärde vertiefen. Wir könnten stehend die Arme ausbreiten und in dieser Kreuzgebärde eine Zeitlang verharren. Dann spüren wir, was es heißt, verwundbar zu sein, nichts zu haben, mit dem man sich schützen kann. Man kann sich vorstellen, wie würde es mir gehen, wenn jetzt einer auf mich zukäme, oder wenn ich in dieser Haltung dem und dem gegenübertreten würde? Vielleicht entdecken wir dann, daß diese Offenheit nicht bloß verwundbar macht, sondern auch frei und stark. Wenn man seine Energie nicht mehr damit verschwendet, einen schützenden Panzer vor sich zu halten, dann wächst auf einmal eine Kraft zu, die einen von aller Angst befreit.

4. Christkönigsfest

Mit dem Fest Christkönig schließt das Kirchenjahr. Es will uns Christus als den wahren König zeigen. Von einem König erwarteten die Juden, daß er die Feinde besiegt, daß er dem Volk Schutz und Geborgenheit verschaffen und Frieden sichern kann. Die Griechen hatten ein anderes Königsideal. Plato bezeichnet den als König, der die Wissenschaft von den Ideen besitzt. Für Philo ist der Weise der König. Wenn Lukas den am Kreuz hängenden Jesus dreimal als König bezeichnet, so will er damit zeigen, daß er sowohl das jüdische wie das griechische Königsideal erfüllt. Jesus ist am Kreuz der Weise, der, der von allem Kenntnis hat, vom Himmel und von der Erde, von Gut und Böse, von Licht und Dunkel, von den Abgründen des menschlichen Herzens. Jesus ist der wahrhaft Erfahrene, der alle Bereiche der Wirklichkeit kennt. Er ist aber zugleich der Herrscher. Vor allem Johannes hat Christus als den gezeichnet, der vom Kreuz herab über die Welt herrscht. Das scheint ein Paradox zu sein, da er doch hilflos am Kreuz hängt. Doch am Kreuz hat Christus den eigentlichen Feind unserer Seele besiegt, den Tod und das Böse. Und am Kreuz hat er den wahren Frieden ermöglicht, weil er die Feinde miteinander versöhnt hat, Juden und Griechen, Herz und Verstand, das Gute und das Böse. So sagt der Epheserbrief:

Denn er ist unser Friede. Er vereinte die beiden Teile und riß durch sein Sterben die trennende Wand der Feindschaft nieder... Er stiftete Frieden und versöhnte die beiden durch das Kreuz mit Gott in einem einzigen Leib. Er hat in seiner Person die Feindschaft getötet. (Eph 2,15ff)

Indem wir Christus als den König feiern, werden wir daran erinnert, daß wir selbst königliche Menschen sind. Wir sind wie Christus dazu geboren, über unsere Feinde zu herrschen, über uns selbst zu herrschen, anstatt uns von fremden Tyrannen beherrschen zu lassen, von unseren Trieben, Wünschen und Begierden oder von anderen Menschen. Wir sind dazu bestimmt, frei zu sein. Und wir sind dazu bestimmt, weise zu werden, erfahren, alle Bereiche der Wirklichkeit zu kennen, uns im eigenen Haus auszukennen, vom Keller bis zum Speicher. So ist König ein Symbol für das Selbst. In den Märchen wird die Selbstwerdung immer als Weg und Schicksal von Königssöhnen geschildert. Rabbi Schlomo sagt einmal, der Mensch solle nie vergessen, daß er ein Königssohn sei. Das Christkönigsfest will uns diese Wahrheit ins Gedächtnis rufen. Und indem wir Christus als unseren König feiern, sollen wir die eigene königliche Gestalt in uns ausformen. Wir sollen spüren, was es heißt, unabhängig zu sein, echt, frei, eben ein König, voller Würde, weil wir teilhaben an der Königsherrschaft Christi. Wenn Christus in uns herrscht, dann werden wir frei, dann finden wir zu unserem Selbst.

Man kann von diesem Festgeheimnis etwas spüren, wenn man sich aufrecht hinstellt und sich dabei vorstellt: ich stehe zu mir, so wie ich bin. Ich darf zu mir stehen. Ich bin ein königlicher Mensch, ich stehe in Christus, ich herrsche mit ihm. Auch im aufrechten Sitzen könnte man etwas von dem spüren, was uns das Christkönigsfest vermitteln möchte. Man kann sich dabei den Psalmvers vorsagen: "So spricht der Herr zu meinem Herrn: Setze dich mir zur Rechten, und deine Feinde leg ich als Schemel dir unter die Füße." Das Sitzen ist Teilnehmen an der Herrschaft Christi. Wir herrschen nicht über andere Menschen, sondern über alle Mächte, die uns unterdrücken wollen. Wir haben teil am Königtum Christi, an seiner Freiheit, an seiner Macht. In ihm sind wir Herr über uns selbst.

Schluß

Wir sind nur die wichtigsten Festen des Kirchenjahres durchgegangen. Die Marien- und Heiligenfeste haben wir ganz ausgelassen. Doch auch sie würden uns ein Bild des Menschen vor Augen halten, des gefährdeten und kranken und des ans Ziel gekommenen und geheilten Menschen. Maria und die Heiligen sind Bilder gelungenen Menschseins, die uns die eigenen Möglichkeiten entdecken lassen. Vielleicht können wir auf die reiche Symbolik dieser Feste in einer eigenen Schrift einmal näher eingehen.

Uns war es ein Anliegen, das Kirchenjahr so zu beschreiben, daß man sich darin wieder finden kann und daß man sich dazu eingeladen fühlt, mit dem Kirchenjahr und seinen Festen zu leben. Die Menschen früherer Zeiten haben viel Ermutigung und Heilung durch die Feste erfahren. Sie sind darin Christus als ihrem Arzt und Heiland begegnet. Sie sind in seine Lebensschule gegangen und haben darin gelernt, gesund und richtig zu leben. Sie haben im Rhythmus des Kirchenjahres gelebt. Und das war für sie ein gesunder Rhythmus. Die Feste haben ihre Zeit gegliedert und ihnen Anteil geschenkt an dem Geheimnis, daß Gott in diese Zeit gekommen ist und an den Festen immer wieder in unsere Zeit einbricht und sie aufhebt in die Ewigkeit. Für den, der Feste zu feiern versteht, wird jede Zeit sinnvoll erfüllte Zeit.

Es täte uns heute gut, uns nicht von der Hektik unserer Zeit bestimmen zu lassen, die nur noch den Rhythmus von Arbeitszeit und Urlaub kennt, sondern in den heilenden Rhythmus des Kirchenjahres einzuschwingen. Wir würden darin eine gute Form für unser Leben finden. Wir würden uns selbst in unsern Höhen und Tiefen kennenlernen, wir würden Hoffnung schöpfen gegenüber all den Gefährdungen, die uns bedrohen, und wir würden Heilung finden von den vielen Wunden, die wir mit uns herumtragen. Wir würden nicht nur unsere eigenen Spielchen spielen, oft genug Spiele des Selbstbetrugs und der Selbsttäuschung, sondern wir würden uns auf ein größeres Spiel einlassen, auf das Drama unseres Heils, auf das Drama des Heilswerkes Christi, das zugleich das Drama unserer eigenen Seele ist, ein Psychodrama, in dem wir uns in das Heil Christi hineinspielen.

ANMERKUNGEN

[1] R. Guardini, Vom Geist der Liturgie, Freiburg 7/ 1921, 65; dort auch die folgenden Zitate.

[2] O. Casel, Das christliche Kultmysterium, Regensburg 1960, 79.

[3] C.G. Jung, Ges. Werke, 11. Bd., Zürich 1963, 97; zum Folgenden vgl. ebd. vor allem S. 47 und 171.

[4] C.G. Jung, Ges. Werke, 9. Bd. II, Olten 1976, 193; zum Folgenden 181 f.

[5] H. Rahner, Der spielende Mensch, Einsiedeln 1952, 59.

[6] B. Neunheuser, Vom Sinn der Feier, in: Gott feiern, hrsg. v. J.S. Plöger, Freiburg 1980, 17; vgl. ferner Th. Klauser, Fest, RAC, Stuttgart 1966, 747−766.

[7] C.G. Jung, Briefe II, Olten 1982, 440.

[8] Vgl. H. Cox, Das Fest der Narren, Stuttgart 4/1972, 22.

[9] Vgl. Casel, Das christliche Kultmysterium 91.

[10] Vgl. E. Drewermann, Tiefenpsychologie und Exegese, 1. Bd., Olten 1984, 248 f.

[11] Anselm, Proslogion 1; zit. in: Lektionar zum Stundenbuch, Einsiedeln-Freiburg 1980 II, 1, 34f., Die Zitate aus den Kirchenvätern sind alle dem Lektionar zum Stundenbuch entnommen. Im Text ist jeweils der Band und die Seite angegeben.

[12] Meister Eckehart, Das System seiner religiösen Lehre und Lebensweisheit. Textbuch v.O. Karrer, München 1926, 1973

[13] Vgl. Drewermann, Tiefenpsychologie und Exegese, 512ff. . . .

[15] Vgl. dazu A. Grün, Fasten − Beten mit Leib und Seele, Münsterschwarzach 1984.

[14] K. Rahner, Kleines Kirchenjahr, München 1953, 39 ff.

[16] Vgl. E. Drewermann, Strukturen des Bösen, 2. Teil, München 1977, 561 ff.

[17] C.G. Jung, Ges. Werke, 5. Bd., Olten 1973, 549.

[18] Jung, Ges. Werke, 11. Bd., 195.

[19] C.G. Jung, Briefe I, Olten 1972, 300.

[20] Jung, Ges. Werke, 11. Bd., 447 f.

[21] Vgl. J. Ratzinger, Einführung in das Christentum, München 6/1968, 242 ff.

[22] Die folgenden Gedanken gehen auf einen Vortrag von Hans Böhringer zurück.

[23] Vgl. H. Rahner, Der spielende Mensch 73 f.

[24] C.G. Jung, Ges. Werke, 8. Bd., Zürich 1967, 466.

[25] Photina Rech, Inbild des Kosmos, Bd. II, Salzburg 1966, 9 ff.

[26] H.J.M. Nouwen, Feuer, das von innen brennt, Freiburg 1981, 52.

[27] E. Kästner, Die Stundentrommel vom Heiligen Berg Athos, Wiesbaden 1956, 106 f.

MÜNSTERSCHWARZACHER KLEINSCHRIFTEN

Schriften zum geistlichen Leben

ISSN 0171-6360

57	Grün/Dufner, **Gesundheit als geistl. Aufgabe**	(1989)	108 S., DM 12,80
58	Grün, A., **Ehelos – des Lebens wegen**	(1989)	88 S., DM 10,80
59	Staniloae, D., **Gebet und Heiligkeit**	(1990)	48 S., DM 5,80
60	Grün, A., **Gebet als Begegnung**	(1990)	88 S., DM 10,80
61	Doppelfeld, B., **Mission als Austausch**	(1990)	72 S., DM 8,80
62	Abeln/Kner, **Kein Weg im Leben ist vergebens**	(1990)	56 S., DM 6,80
63	Faricy/Wicks, **Jesus betrachten**	(1990)	40 S., DM 5,80
64	Grün, A., **Eucharistie und Selbstwerdung**	(1990)	94 S., DM 10,80
65	Doppelfeld, B., **Ein Gott aller Menschen**	(1991)	80 S., DM 9,80
66	Abeln/Kner, **Wie werde ich fertig m.m. Alter?**	(1992)	76 S., DM 8,80
67	Grün, A., **Geistl. Begleitung bei d.Wüstenv.**	(1992)	100 S., DM 11,80
68	Grün, A., **Tiefenpsycholog. Schriftauslegung**	(1992)	108 S., DM 12,80
69	Doppelfeld, B., **Symbole**, Teil 1	(1993)	112 S., DM 12,80
70	Doppelfeld, B., **Symbole**, Teil 2	(1993)	100 S., DM 11,80
71	Grün, A., **Bilder von Verwandlung**	(1993)	100 S., DM 11,80
72	Simons, G. F., **Religiöse Erfahrung**, Teil 1	(1993)	100 S., DM 11,80
73	Müller, W., **Meine Seele weint**	(1993)	68 S., DM 7,80
74	McDonnell, K., **Die Flamme neu entfachen**	(1993)	44 S., DM 5,80
75	Alphonso, H., **Die Persönliche Erfahrung**	(1993)	70 S., DM 8,80
76	Grün/Riedl, **Mystik und Eros**	(1993)	114 S., DM 12,80
77	Ziegler, G., **Der Weg zur Lebendigkeit**	(1993)	76 S., DM 8,80
78	Doppelfeld, B., **Symbole**, Teil 3	(1993)	88 S., DM 9,80
79	Ruppert, F., **Der Abt als Mensch**	(1993)	48 S., DM 5,80
80	Tiguila, B., **Afrikanische Weisheit**	(1993)	50 S., DM 6,80
81	Grün, A., **Biblische Bilder von Erlösung**	(1993)	102 S., DM 11,80
82	Grün/Dufner, **Spiritualität von unten**	(1994)	108 S., DM 12,80
83	Doppelfeld, B., **Symbole**, Teil 4	(1994)	74 S., DM 8,80
84	Wilde, M., **Ich verstehe dich nicht!**	(1994)	56 S., DM 6,80
85	Abeln/Kner, **Das Kreuz mit dem Kreuz**	(1994)	68 S., DM 7,80
86	Ruppert, F., **Mein Geliebter, die riesigen Berge**	(1995)	85 S., DM 9,80
87	Doppelfeld, B., **Zeugnis und Dialog**	(1995)	92 S., DM 10,80
88	Friedmann, E., **Die Bibel beten**	(1995)	112 S., DM 12,80
89	Müller, W., **Gönne Dich Dir selbst**	(1995)	74 S., DM 8,80
90	Ruppert, F., **Urwald und Weisheit**	(1995)	72 S., DM 8,80
91	Simons, G. F., **Religiöse Erfahrung**, Teil 2	(1995)	102 S., DM 11,80
92	Grün, A., **Leben aus dem Tod**	(1995)	104 S., DM 11,80
93	Grün, A., **Treue auf dem Weg**	(1995)	116 S., DM 12,80
94	Friedmann, E., **Ordensleben**	(1995)	104 S., DM 11,80
95	Stenger, H., **Gestaltete Zeit**	(1996)	80 S., DM 9,80
96	Doppelfeld, B., **Bleiben**	(1996)	74 S., DM 8,80
97	Schütz, Ch., **Mit den Sinnen glauben**	(1996)	60 S., DM 6,80
98	Johne, K., **Wortgebet und Schweigegebet**	(1996)	100 S., DM 12,80
99	Grün, A., **Das Kreuz**	(1996)	108 S., DM 12,80

Weitere Veröffentlichungen folgen.

Vier-Türme-Verlag
D-97359 Münsterschwarzach Abtei

Telefon 0 93 24/20-2 92
Telefax 0 93 24/20-4 52